特高に奪われた青春

エスペランティスト斎藤秀一の悲劇

工藤美知尋 著

芙蓉書房出版

まえがき

戦前の山形県櫛引（現鶴岡市）に、国際語エスペラントの普及を通して、反戦平和を訴えた青年がいた。その人の名は斎藤秀一《さいとうひでかつ》。

日露戦争終結の三年後に曹洞宗寺院の長男として生まれた秀一は、中学時代から英文で日記を付けていた。そして駒澤大学に進み、英語、ロシア語、ドイツ語、フランス語などの外国語の習得や庄内弁や方言の研究などに打ち込むようになり、日本エスペラント学会、カナモジカイの会員にもなっている。

大学卒業後、地元鶴岡市の山間部にある分教場の代用教員となり、真面目な教師生活を送っていたが、ローマ字学習が天皇制すなわち国体を壊すものだとして、特別高等警察（特高）に逮捕され、有罪になってしまう。秋田刑務所で服役中、秀一は肺結核に罹ってしまい、これがもとで一九四〇年、三二歳の若さで他界した。

斎藤秀一は、亡くなるまでの十数余年の間に、おびただしい数の言語研究の成果を残している。山形県立図書館の文献目録によれば、約一一〇点にのぼる資料が確認されている。十分な環境ではなかったにもかかわらず、短い生涯のなかでこれだけの研究を成し遂げた秀一は、天才的な在野研究者といってよいのではなかろうか。

斎藤秀一の逮捕、投獄は特高によるデッチ上げであり、このようなことがなければ、秀一は優れた言語学者になっていたに違いない。

英語がグローバル言語として定着しつつある今日、ポーランドの言語学者ザメンホフが考案した国際語エスペラントの意義は幾分薄まっているかもしれない。しかし、現在世界各地の紛争の大半が、言語と宗教の違いによって起こっていることを想起する時、言語研究と異文化・国際コミュニケーション研究の意義はますます大きいといえる。

本書執筆中に東京都内の美術館でブリューゲルの絵画展が始まった。「バベルの塔」が出品されていることで注目を集めている。塔の建設に怒った神が人々の言葉を混乱させて建設を中止させてしまい、以後世界中に複数の言語が誕生し、戦乱が絶えなくなってしまうという逸話で有名な作品である。

秀一がこの物語を知っていたかは定かではないが、言葉の違いが国際平和の妨げとなっていると強く思っている青年が、東北の庄内平野の一隅にいたことは注目されてよいだろう。

本書は、無辜の青年教師斎藤秀一の生きざまと、なぜ弾圧されなければならなかったのかを、秀一の日記、警察側の資料、関係者の証言・記録などによって明らかにしようと試みたものである。

斎藤秀一（1908～1940）（泉流寺提供）

特高に奪われた青春
―エスペランティスト斎藤秀一の悲劇―

✴目次

第7章　秀一逮捕 125

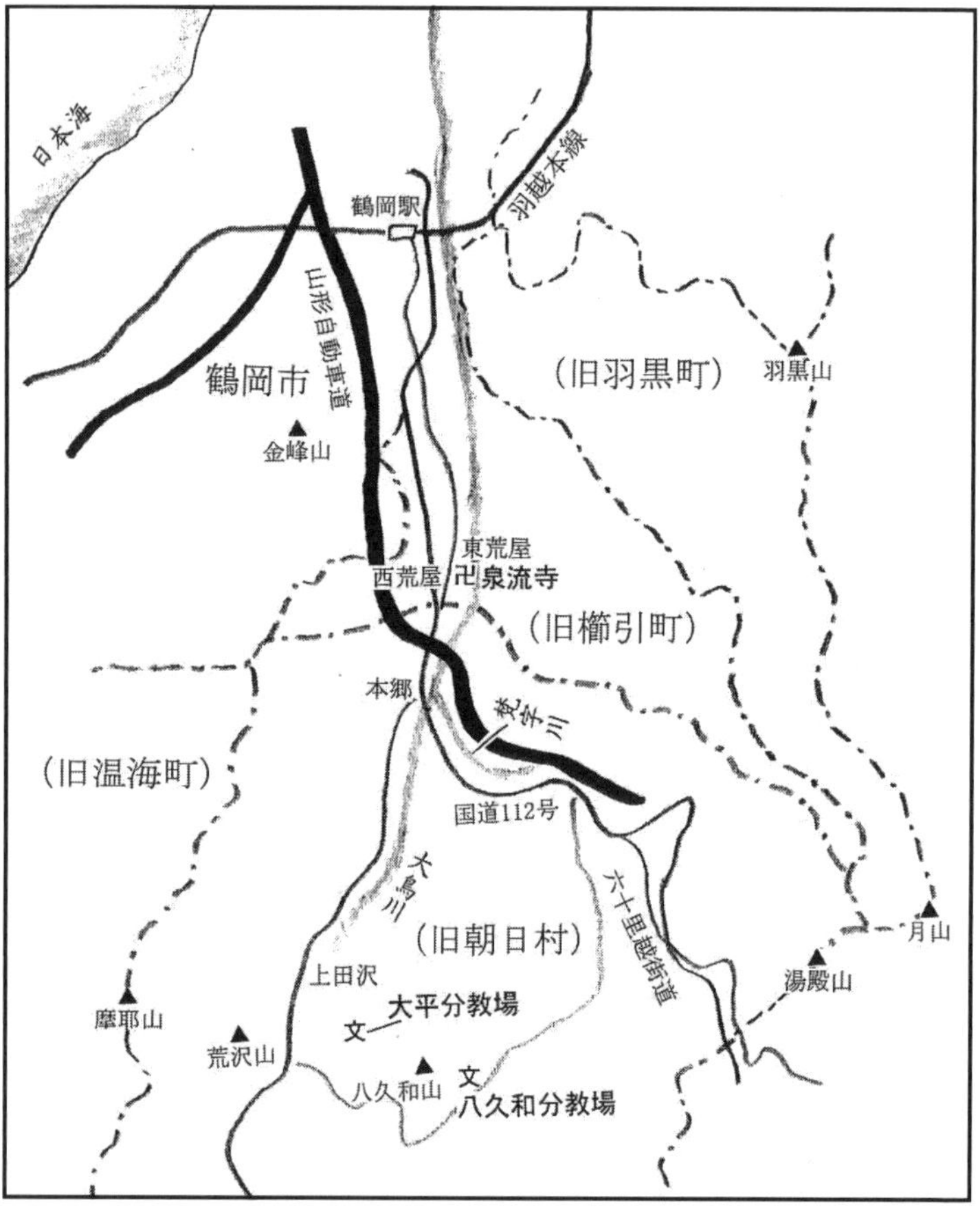
日本海
羽越本線
鶴岡駅
山形自動車道
鶴岡市
(旧羽黒町)
羽黒山
金峰山
東荒屋
西荒屋
泉流寺
(旧櫛引町)
本郷
梵字川
(旧温海町)
国道112号
大鳥川
六十里越街道
(旧朝日村)
月山
湯殿山
上田沢
大平分教場
摩耶山
荒沢山
八久和山
八久和分教場

プロローグ

私と鶴岡

私が初めて庄内を訪れたのは、今から五十数年前の七月初旬のことである。当時私は山形県立長井高等学校の一年生で、野球部部員だった。この年は酒田市営球場で、夏の全国高等学校野球選手権山形県予選大会が開催されたため、酒田へ遠征することになった。余目駅で乗り換えて酒田行の列車に乗ったところ、その列車に地元の高校生が乗り込んできて、向かいの席に座って、何やら他愛のない話をし始めた。

この高校生二人が庄内弁で話す会話が、山形県の内陸部で育った者にとっては何とも奇妙なものであった。お互いに語尾に「〜ノウ」、「そうだノウ」を連発して会話している。実に長閑《のどか》な感じがしたものである。

次に鶴岡出身の方と親しく付き合うようになったのは、全国にまたがる、国際問題研究会の大学サークルの組織であった「日本国際連合学生連盟」の執行部時代のことである。ここで私は、当時中央大学経済学部三年生であった氏家昇一さん（現在酒田にある松岡株式会社代表取締役社長）と知り合うことになった。

氏家さんは私より一年先輩だったが、二人とも徒歩で一〇分ほどの東中野のアパートに住ん

鶴岡の市街地(鶴岡市提供)

でいた。当時のわれわれは、南こうせつの『神田川』の生活を地で行くような学生生活を送っていた。同じサークル同士で、かつまた同郷の誼《よしみ》ということもあってすっかり意気投合し、兄弟のような付き合いをさせていただいた。夜な夜な新宿歌舞伎町に繰り出しては飲み歩いて青春を謳歌したものである。

ところが一九六八年(昭和四三年)の春ごろから大学紛争が過熱し始め、御茶ノ水周辺の明治・中央・日大の各大学は相次いでロックアウトとなってしまった。このためわれわれのサークル活動も自然出来なくなってしまった。私自身も大学紛争のため、一年間これにのめり込まざるをえなくなったため、私と氏家さんとの関係も自然に疎遠になってしまった。

改めて鶴岡を知るようになったのは、NHK総合テレビで、藤沢周平原作の『蟬しぐれ』の放映があったことによる。

私は、思春期の恋情を抱き続ける文四郎とふくを描いた『蟬しぐれ』の虜《とりこ》になった。以来私は藤沢周平の熱烈な愛読者になった。藤沢周平の小説、テレビドラマ化された作品や、映画化されたもの、さらには舞台などはほとんど観ている。

出会い、別れ、旅立ち、若い男女の淡い恋心、老年、さらには思春期を迎えようとする子供たちの転機など、橋が織りなす人生の機微を描いた『橋ものがたり』の舞台化も良かったし、真田広之と宮沢りえが演じた山田洋次監督の『たそがれ清兵衛』も、これまでの時代劇とは趣が違って良かったが、なかでも私の胸に深く刻まれたのが、NHK総合テレビのドラマで、内野聖陽と水野真紀が共演した『蟬しぐれ』であり、北大路欣也が主演した『三谷清左衛門残日録』だった。

こうして私の「海坂藩」こと鶴岡・庄内への憧れは、日増しに募ることになった。私は、私家製の「海坂藩・城下図」を作って、頭の中で、海坂藩こと鶴岡の街を、あれこれ思い巡らすようになった。

『蟬しぐれ』に出てくる「五間川」のモデルの内川。小説の中では、ここは「文四郎はお福に警告した。自分も背を丸めて伏せた。権六が忙しく竿を使っている。顔を上げると、船は岸の灌木の陰に入っていった。そのまま権六は船を流していく。……船は橋の下をくぐって市中に入った」と描写されている。

また、文四郎の父が切腹した場所の「龍興寺」こと龍覚寺。小説ではここは、「龍興寺は城下の北東、百人町にある曹洞宗の大寺である。門内に入ると境内の砂利に、午後の白い日が照りつけていた。鐘楼から本堂の裏にかけて、小暗い森ほどに杉や雑木が生い茂り、そこにも蟬が鳴いていた」と描かれている。

父の遺骸を載せた荷車を引く文四郎に寄り添い、溢れ落ちる涙を拭おうともせず、俯《うつむ》いて黙々として一心に梶棒を引くふくの姿と、その時々の蟬の声が切ない。

鶴岡には、庄内藩治世二百数十年で培われた深い文化の蓄積がある。それは今日に伝わる『西郷南洲遺訓』が庄内藩士の手によって遺されていることからもうかがえる。

一八六八年（慶応四年）五月、西郷隆盛が率いる薩軍は上野戦争で彰義隊を破ったが、会津藩は抵抗を続け、東北諸藩は奥羽列藩同盟を結んだ。庄内藩は一旦官軍を撃退したものの、奥羽列藩同盟の崩壊に伴い戦闘を続けることが出来なくなり、遂に九月に降伏した。

一八七〇年（明治三年）一一月、西郷隆盛による寛大な処置に感謝した旧庄内藩主の酒井忠篤は、旧藩士など合計九三人を従えて鹿児島に入り、四ヶ月滞在して軍事教練を受けた。さらに一八七五年五月には、庄内から菅実秀や石川静正ら八人が鹿児島を訪れ、西郷の指導を仰いだ。

一八八九年（明治二二年）二月、大日本帝国憲法が公布されると、西南戦争で剥奪された官位が西郷に戻され、名誉が回復された。この際上野公園に西郷の銅像が建てられることになり、酒井忠篤も発起人の一人となった。

それを機に酒井忠篤は、菅実秀や三矢藤太郎らに命じて、西郷生前の言葉や遺訓を集めた結果、『南洲翁遺訓』と題して印刷されることになった。それが今日まで伝わることになる。

この中の一節の「命もいらず、名もいらず、官位も金も要らぬ人は始末に困るものなり。この始末に困る人ならでは、艱難を共に国家の大業は為し得られぬものなり」は、今も日本のリーダーの最も大切な心得となっている。

また庄内では、一八七三年（明治六年）末から一八八〇年（明治一三年）末の七年間にわたって庄内の全村を巻き込んだ「百姓一揆」から「自由民権運動」へと発展した大規模な民衆運動、いわゆる「ワッパ騒動」なるものがあった。これによって雑税を廃止させ、租税率を下げさせ、この地の近代化を促したという抵抗の歴史がある。

旧制庄内中学（鶴岡中学）およびその周辺からは、数多くの学者や、政治家、文芸家、軍人が輩出している。とても故郷の私の母校の及ぶところではない。

学者で例を挙げるならば、大正の教養主義を代表する『三太郎日記』を書いた阿部次郎、日本主義とアジア主義を唱道した思想家の大川周明、『大独和辞典』の編者でゲーテ研究の相良守峯、日本心理学会長を務めた相良守次（守峯の弟）、国際法学会会長を務めた一橋大学教授の皆川洸、美学者の今道友信、先般他界された渡部昇一など綺羅星のようにいる。

政治家では、数年前に他界された自由民主党宏池会でハト派の代表格であった加藤紘一がいるし、文芸の分野では、芥川賞作家の丸谷才一や直木賞作家の佐藤賢一、そして藤沢周平がいる。

また軍人では、満州事変の首謀者の一人で、『世界最終戦争論』を著わし、天才的頭脳の持ち主と言われた石原莞爾陸軍中将、『帝国国防史論』を書いた佐藤鉄太郎海軍中将、終戦時の海軍大佐の大井篤や、あるいは陸軍強硬派の一人であった服部卓四郎陸軍大佐と多様にいる。

私は学位論文執筆に際して、大井篤海軍大佐に大変お世話になった。日本体育大学横の世田谷桜新町にあった大井大佐のご自宅に数回お伺いして、海軍政策についてご教授いただいたものである。その後も大井大佐には、「高木惣吉日記」編纂や高木惣吉海軍少将の関係者を集めた「高木会」を通じてご指導を頂くことになった。

大井篤大佐は、井上成美海軍大将と共に日本海軍最左派（和平派・海軍良識派）にあり、対米開戦に強硬に反対し、早期和平を直言し続けた尊敬すべきネイビーである。米国駐在武官補佐官を務め、世が世なら海軍大臣になっているほどの俊英である。

大井大佐は、海軍軍令部にあって常に正論を吐き続け、そのため新設部署である「海上護衛隊」に飛ばされたというエピソードの持ち主でもある。

『大和』の生き残りの会に顔を出して、「大和なんて日本には分不相応なものを作ったから負けたんだ！」と喝破した。これには皆怒るよりもむしろ唖然としていたというが……。

私は、こうした錚々《そうそう》たる鶴岡人脈の中に、斎藤秀一《さいとうひでかつ》も入ってしかるべしと考えている。

本書執筆の端緒となった一本の電話

二〇一六年（平成二八年）五月二二日付東京新聞の「記者の一冊」のコーナーに、同紙編集委員吉原康和氏の筆によって、同月一五日に刊行されたばかりの、拙著『軍医大尉桑島恕一の悲劇―われ上海刑場の露となりしか』（潮書房光人社）の書評が掲載された。

それから数日後、私の許に一人の男性から電話があった。

「私は名古屋市に住む者ですが、先日こちらの中日新聞（注、東京新聞と中日新聞は同資本の新聞社であるため、記事の多くが両紙に掲載される）の書評に、先般先生がお書きになられた『軍医大尉桑島恕一の悲劇』が掲載されましたので、早速この本を購入して、拝読させていただきました。

ところで先生は、戦前に、先生と同郷の山形県鶴岡市旧櫛引町で起こった曹洞宗の青年僧侶で小学校の教師であった斎藤秀一（俗名がさいとう・ひでかつ。僧名がさいとう・しゅういち）事件について、ご存じでしょうか。差し出がましいとは思いますが、是非お調べになられてはいかがかと思って電話した次第です。

この斎藤秀一という青年は、当時エスペラント研究をしていたため、国体に反した廉《かど》で特高に検挙され、有罪となって投獄されました。秋田刑務所などでの厳しい生活がもとで、昭和一五年九月、肺結核から急性腹膜炎を併発して、享年三二で亡くなりました。実に哀れな青年です。

私はこの青年僧侶を死に至らしめた事件を、世の人々に広く知らしめたいと思っております。そこで先生に、この事件について是非お調べいただけたらと思ってお電話した次第です。先生ならば、必ず執筆する意欲が湧くはずだと確信しています」

あらましこのような内容の電話であった。すなわちエスペランティスト斎藤秀一に対する、特高による捏造事件についての私の執筆へのお誘いの電話だったのである。

その後、この電話をかけて寄越された方と、手紙で何度かやり取りをした結果、次のようなことがわかった。

この方は別府良孝（俗名がべっぷ・よしたか。僧名をべっぷ・りょうこう）師といって、名古屋市中川区にある曹洞宗の寺院・龍潭寺《りゅうたんじ》の御住職であった。

ここで少々この龍潭寺と別府師について紹介したい。

龍潭寺は、名古屋駅の南西六キロに位置する禅寺である。正式名称を「医王山龍潭寺」といい、康正元年（室町時代・一四五五年）錦渓城隆禅師によって創建され、以来法灯二十五代、古禅林として仏法興隆の実を挙げてきた。NHK大河ドラマ『おんな城主直虎』の「万松山龍潭寺《りょうたんじ》」と同様、中国・唐の高僧「龍潭禅師」を敬慕してネーミングされた。

曹洞宗寺院 龍潭寺（龍潭寺提供）

江戸時代には、ここに立派な松が七本も茂ったことから、この寺は別名で「七松庵」とも呼ばれていた。そのうち四本は現存し、名古屋市の保存樹（樹齢三五〇年）に指定されている。

禅の言葉に、「古松　般若を談ず」というのがある。この言葉の意味するところは、大きい松は、仏教でいうところの般若と見なすことから、すなわち正しい知恵を持つことの大切なことを呼び掛けている。

俳諧の師匠で、天保年間に『箸太集』を編集した西川芝石の墓もここの境内にある。一族の西川弥六・西川甚兵衛の名は、名古屋市港区の地名「西川町」「甚兵衛通」に残っている。二千坪の境内の中央には、平成九年一〇月に落慶した木造本瓦伏の本堂が堂々と建っている。

別府良孝師は二十四世の一人息子として生まれ、愛知教育大学を卒業し、その後さらに名古屋大学大学院理学研究科で学んで、理論生物物理学の分野で博士号を取得した学僧である。

現在別府師の主な関心は、先の大戦で犠牲になられた多くの方々の慰霊および追悼、そして仏教教団が戦争に如何にかかわったかについての研究である。

そんな別府師は、斎藤秀一についても、「反戦僧侶」の観点から研究しているとのことであった。こうした視点は、これまでの斎藤秀一研究にはなかったものであるので、ここで別府師の研究の一端を紹介したい。

別府師は、二〇一六年九月一一日、早稲田大学において開催された日本宗教学会において、曹洞宗内の反戦僧侶や斎藤秀一の係わりについて発表された。また同年三月、東海印度学仏教学会発行の『東海佛教』第六一輯中の「研究ノート」において、次のような内容の論文を掲載している。

■十五年戦争期（一九三一〜一九四五年）の反戦僧侶―斎藤秀一師などの事跡

多くの僧侶が戦争への協力を強いられた時代に、「戦時教学は釈尊の非戦の教えに反する」との立場から、「日中戦争・太平洋戦争に反対し、囚われた僧侶」がいた。彼らを「反戦僧侶」と呼ぶことにする。

江戸時代の仏教寺院は、檀家制度の枠組みの中で宗教活動を行っていた。明治になって、仏教教団は、皇国日本の枠組み内で宗教活動を行うようになった。廃仏毀釈の恐怖が消えぬ状況下で、皇国を支える戦時教学が芽生えて来た。

日清戦争や日露戦争より以前の明治一六年、本田良蕙師は、「一殺多生、即ち多くの命を救うためなら、一人を殺すのは罪悪でなく慈悲である」との教えを説いた。第一次世界大戦を経て十五年戦争（昭和六年満州事変勃発〜昭和二〇年太平洋戦争終結まで）の時代には、戦時教学を支える言辞が多数出た。

例えば臨済学院教授の日種譲山師は、「満州事変は、支那を赤化・経済奴隷化より救い出し、彼らをして東洋人として生かさんが為の善戦であり、道義戦である」と断言した。法律や体制も戦争一色に染まり、高僧が戦意を煽る言辞を叫んでいた時に、少数ではあるが、「釈尊の不殺生戒」に基づいて戦争に反対し、囚えられた（獄死した）仏教者がいた。すなわち大谷派の植木徹誠師・竹中彰元師・藤井静宣師、日蓮宗の大隅実山師・三田村龍全師、天台宗の壬生照順師・日置即全師、浄土宗の林霊法師、西山浄土宗の谷本清隆師、真言宗智山派の山本秀順師、日蓮正宗の藤本蓮城師、法華宗の猪俣秀道師、臨済宗の三浦聖典師などである。曹洞宗の斎藤秀一師もその範疇の一人に挙げることができる。

これら十四名の反戦僧侶の中で斎藤秀一は、学術力・国際性・悲劇性において際立っていた。とはいっても、斎藤秀一と他の「反戦僧侶」との関係性は薄いのであるが……。

斎藤秀一は、教職を免職になった六年ほどの間に、著書・論文を五〇編ほど著わした。中央からは遠方にいたにもかかわらず、優れた業績をあげたことは非常な驚きである。

海外では、リンスや魯迅が斎藤秀一の言語運動を評価しているし、斎藤の伝記はオックスフォード大学の図書館にも入っている。

「反戦僧侶」には長命な方が多かったが、斎藤秀一は享年三二で他界した。秀一はエスペラントを通して世界と交流し、平和の実現を夢見ていただけに、治安維持法による夭折は実に痛ましいものがある。

斎藤秀一、谷本師、壬生師の三人は共に明治四一年生まれであり、東京での学びを契機に反戦言動をした事実は評価すべき事柄である。

秀一の死から半世紀以上たった一九九二年一一月二〇日のこと、曹洞宗は宗務総長大竹明彦師（自坊は名古屋市熱田区の全隆寺）の名で、次のような『懺謝文《ざんじゃもん》』を出している。

懺謝文

われわれ曹洞宗は、明治以降、太平洋戦争終結までの間、東アジアを中心としたアジア地域において、海外開教の美名のもと、時の政治権力のアジア支配の野合に加担迎合し、アジア地域の人々の人権を侵害してきた。また脱亜入欧の風潮のもと、アジアの人々とその文化を蔑視し、日本の国体と仏教への優越感から、日本の文化を強要し、民族の誇りと尊厳性を損なう行為を行ってきた。しかも仏教の教義にもとるようなこうした行為を、釈迦牟尼世尊と三国伝灯火の歴代祖師の御名のもとに行ってきた。まことに恥ずべき行為というほかない。われわれは過去の海外伝道の歴史の上で犯してきた重大な過ちを率直に告白し、アジア世界の人々に対し心から謝罪を行い、懺悔したいと思う。

しかしそれは、かつて海外伝道に従事してきた人たちだけの責任ではない。日本の海外侵略に喝采をおくり、それを正当化してきた宗門全体の責任が問われるべきことはいうまでもない。

さらにまた曹洞宗が、一九八〇年に出版した『曹洞宗海外開教伝道史』が、過去の過ちに対して反省を欠いたまま発刊され、しかも本文中において過去の過ちを肯定したのみならず、時には美化して讃嘆して表現し、被害を受けたアジア地域の人々の痛みになんら配慮するところがなかった。かかる出版が歴史を語る形で、しかも過去の亡霊のごとき、そして近代日本の汚辱ともいうべき皇国史観を肯定するような視点で執筆し出版したことを恥と感じる。また同時に、このような書籍の出版が太平洋戦争後三十五年を経てなされたということについても、重大な罪の意識を感じざるをえない。

何故ならばそれは、宗門が明治以降、ある時は国家に阿諛迎合し、ある時は積極的に国策に荷担して戦争協力を行い、アジアの民衆に塗炭の苦しみを強いてきたという事実について、何ら反省することもなく、その責任すら感じていなかったということに外ならないからである。

「歴史とは、過去と現在との間の尽きることを知らない対話である」と言ったのは、歴史家E・H・カーであるが、遺憾ながらわが宗門はこの対話の努力を怠り、過去の歴史に今を問いかけ、過去の歴史に学びつつ自らの座標軸を糺そうとする姿勢を持つことなく今日に至った。われわれは一九四五年の敗戦の直後に当然なさるべき「戦争責任」への自己批判を怠ったのである。曹洞宗は、遅きに失した感は免れぬとはいえ、あらためてその怠慢を謝罪し、戦争協力への事実を認め、謝罪をおこなうものである。

曹洞宗の厳しい自己批判書である。

別府師から先の電話があった時、私は永年にわたって研究していた「高木惣吉海軍少将と終戦工作」の執筆中だったこともあって、すぐに斎藤秀一についての調査に執りかかることは出来なかったが、二〇一六年一一月末、ようやく「高木惣吉海軍少将と終戦工作」の執筆にけりをつけることが出来た。

その直後の一一月二五日、私は別府師に会うべく名古屋市の龍潭寺を訪れた。

短時間の訪問であったが、戦前・戦中、曹洞宗を始めわが国の仏教界には、少数ではあったが満州や中国における日本の侵略主義を批判した青年僧が二〇人ほどいたことを教えていただいた。また、別府師は私をご自分の車に乗せて、龍潭寺近くの前田利家ゆかりの連念寺（仏教学の研究で二人の学士院賞受賞者を輩出）と日置即全師の荒子観音寺に案内してくれた。

斎藤秀一取材のため櫛引町を訪れる

それから二週間ばかり後の一二月一一日のこと、私は斎藤秀一取材のために、高校時代の友人の運転する車に同乗させてもらって、秀一が生まれ育った旧櫛引町を目指した。ここは鶴岡市の中心部から一〇キロほど離れている

私が生まれた所は、一般に県南と呼ばれている米沢市に近接する人口二万八〇〇〇人余の長井市であるが、ここから鶴岡に行くのは、東京に出るよりも不便である。長井から東京に出るには、まず第三セクターの山形鉄道の「フラワー長井線」に乗って四〇分ほどかけて赤湯駅まで行き、そこからJR東日本の山形新幹線『つばさ』に乗る。東京までは、所要時間にしてわずか三時間ほどしかかからない。

ところが、長井から鶴岡までJRを使って行くとなると、同じ山形県内でありながら実に不便で、まず山形新幹線『つばさ』の下りに乗って、赤湯から新庄まで行き、そこで酒田行の陸羽西線に乗り換えて酒田まで行き、さらに羽越本線に乗り換えて鶴岡に行かなければならない。所要時間は四時間ほどかかってしまう。

そんなことから私は友人の厚意に甘えて、赤湯—山形—寒河江—鶴岡と、国道一一二号線の山形自動車道のルートで行くことにした。これだと赤湯から鶴岡までの所要時間は、順調に行けばわずか二時間半ほどである。ただし、これは雪が降っていない場合であるが……。一二月に入ると、内陸部から庄内に入る幹線道路である山形自動車道の月山付近では雪が積もる恐れがあった。

一二月一一日当日、私はまだ真っ暗な午前五時前に起床し、急いで身支度をして東京・池袋の自宅を出た。池袋駅から山手線で上野駅に向かい、六時一八分発の『つばさ』に飛び乗って、一路赤湯へ向かった。ところがその途中、福島駅を過ぎたあたりから小雪がちらつき始めた。

米沢駅に着いてみると、辺り一面は真っ白だった。米沢駅から赤湯駅までは一〇分余りで到着する。私を乗せた『つばさ』は、時刻表通りに八時三五分、赤湯駅に到着した。改札口には友人が出迎えてくれていた。

友人の車に乗ろうとするや、後部座席から「やあ……」と声を掛ける人がいる。誰かと思って目を凝らしてみると、そこには高校時代の恩師の顔があった。心優しい友人が、無聊をかこっている恩師を慰めるため、私の取材に同行させたのだった。

ともあれ友人が運転する四輪駆動の車体の高い車は、道路に積もった二〇センチほどの雪をもろともせずに、二時間半ばかり走って、午前一一時過ぎ、鶴岡市豊浦にある特別養護施設に着いた。ここには、斎藤秀一の忘れ形見である漆山晴美さん（八〇歳）が入所されている。ここで私は晴美さんにお会いし、三〇分ほど取材をした。

その後われわれ一行は昼食を摂るために、鶴岡市内中心部にある古い土蔵を改造した趣のある『蔵屋敷　ＬＵＮＡ』という懐石料理店に入った。昼食中も雪はますます激しくなっている。二〇センチほどの積雪の中、午後一時半、鶴岡市立図書館を訪ね、ここで鶴岡市史編纂委員の堀司朗先生にお会いした。また地元の良書センター・鶴岡書店代表取締役の佐藤一雄氏にもお会いして、一九九七年に刊行した佐藤治助著『吹雪く野づらに―エスペランティスト斎藤秀一の生涯』を譲って頂いた。

その後、今回の旅の最終目標である秀一の生家、旧櫛引町の泉流寺を訪ねた。時は午後三時を過ぎて、薄暗くなっていた。一九

漆山晴美さん

九七年に佐藤治助氏が執筆された著書の表題の『吹雪く野づらに』がぴったりの吹雪混じりの大雪である。

泉流寺の周辺には、既に三〇センチほどの雪が積もっていた。ここに一時間ほど滞在した。

山形駅への帰路では、寒河江川の河畔にある風流な『玉貴』という割烹料亭で、友人の心からのもてなしを受けて、夜の八時過ぎにようやく山形駅に到着した。山形駅で大雪のために一五分ほど遅延した上り最終の山形新幹線『つばさ』に乗車し、池袋の拙宅に辿り着いた時には、午前零時をだいぶ回っていた。実に二〇時間にわたる取材旅行であった。

この時以来、筆者は鶴岡市史編纂委員の堀氏から、多くの資料や秀一の日記などのご提供を受け、別府氏からは曹洞宗派内の反戦僧侶についての資料を頂いた。

また国立国会図書館や国立公文書館において史料や文献を探した結果、秀一を死に追いやった特高係の砂田周蔵の取り調べ調書なども入手することが出来た。

さらにまた早稲田にある日本エスペラント協会事務局長の福田正則氏からは、エスペラント運動について、さまざま資料をご提供いただいた。ここに衷心より感謝申し上げる次第である。

斎藤秀一の生涯を描いた『吹雪く野づらに』

第１章　斎藤秀一とエスペラントの出会い

斎藤秀一の短い生涯

まず最初に、斎藤秀一《さいとうひでかつ》の生涯を年譜の形でまとめておきたい。

一九〇八年（明治41年）12月24日　山形県東田川郡山添村字東荒屋寺廻《ひがしあらやてらまわり》り七八九、鶴岡市龍蔵寺の末寺の泉流寺《せんりゅうじ》の住職であった斎藤秀苗《しゅうみょう》の長男として生まれる。
（秀一はその後、得度・立身を済ませて、曹洞宗の僧籍簿に載るようになった。僧籍剥奪や還俗を経ずに、僧籍を有した状態で三二歳で遷化した）

一九二六年（昭和元年）３月21日　鶴岡中学校卒業。
４月１日　駒澤大学予科に入学。

一九二八年（昭和３年）１月　「日本エスペラント学会」の会員となる。「カナモジ会」

の会員となる。

一九三一年（昭和6年）
3月23日 予科卒業。
3月28日 駒澤大学東洋文学科卒業。
3月31日 東田川郡大泉村大泉尋常小学校大平《おおだい》分教場の准訓導心得となる。
4月1日 赴任する。
7月21日 国語・漢文の免許状を貰う。
9月14日 大泉ローマ字会を作る。

一九三二年（昭和7年）
4月1日 八久和《やくわ》分教場勤務となる（月俸三五円）。
9月14日 鶴岡警察署に検挙される。
9月18日 釈放される。
9月30日 准訓導心得を免職される。
11月 プロレタリア作家同盟山形県支部準備会鶴岡地区委員会に加入。
12月 検挙される。

一九三三年（昭和8年）
12月 山形地裁検事局において起訴猶予処分を受ける。

一九三四年（昭和9年）
9月1日 『文字と言語』第一号を発行。
11月1日 『文字と言語』第二号を発行。

一九三五年（昭和10年）

11月14日　於英《おえい》と結婚。

1月1日　『文字と言語』第三号発行。

3月7日　『文字と言語』第四号発行。

5月7日　『文字と言語』第五号発行。

7月10日　『文字と言語』第六号発行。

9月20日　『文字と言語』（魯迅特集）第七号発行。

一九三六年（昭和11年）

1月　『文字と言語』第八号発行。

4月10日　『文字と言語』第九号発行。

5月14日　長女晴美《はるみ》誕生。

11月1日　『文字と言語』第一〇号発行。

＊　『国際語研究』No16発行。

一九三七年（昭和12年）

3月　『文字と言語』第一一号発行。

6月20日　『ラティニーゴ』創刊号発行。

9月20日　『文字と言語』第一二号発行。

一九三八年（昭和13年）

3月　『ラティニーゴ』第二号発行。

4月13日　『文字と言語』第一三号発行。

5月20日　仙台、東北帝国大学の庶務課雇となる。

（実際は付属図書館勤務）

『文字と言語』
（鶴岡市郷土資料館）

『ラティニーゴ』
（鶴岡市郷土資料館）

11月6日　帰郷。7日叔父の信介の葬儀。
11月12日　山形県特高課により治安維持法違反の廉により検挙される。鶴岡・山形・寒河江署に拘置。

一九三九年（昭和14年）
4月23日　起訴される（主任検事・林昌司）。
11月28日　予審終結決定（山形地裁に付される）。
公判。
秋田刑務所に服役。

一九四〇年（昭和15年）
4月　肺結核の病状悪化のため自宅療養を許される。
8月19日　離婚届出す。
8月21日　妻於英を除籍。
9月5日　腹膜炎を併発して午前二時死亡（享年三二）。

山形の禅寺の長男として誕生

斎藤秀一は、一九〇八年（明治四一年）一二月二四日、山形県東田川郡山添村（現在の鶴岡市櫛引地域）字東荒屋寺廻《ひがしあらやてらまわ》り七八九、龍蔵寺の末寺の泉流寺《せんりゅうじ》の住職であった斎藤秀苗《しゅうみょう》の長男として生まれた。

秀一が育った櫛引町山添地区は、庄内平野の東南のはずれにあ

父秀苗

母たみゑ

（泉流寺提供）

泉流寺（泉流寺提供）

る。新潟県境の朝日山系から北に二本の腕のように伸びた出羽丘陵と、もう一方の摩耶《まや》・湯野沢《ゆのさわ》・金峰《きんぽう》山々に囲まれた細長い平地の中に位置している。月山を源にする梵字川《ぼんじがわ》と、大鳥湖《おおとりこ》から流れで出た大鳥川が落合で合流して赤川となり、緩やかな流れとなっている所が、秀一の生地である東荒屋である。

櫛引町といえば、往年の大相撲ファンならば耳馴染みの町である。昭和三〇年代から、大鵬《たいほう》と柏戸《かしわど》の取り組みが館内を大いに沸かせていた時代、一方の雄の横綱柏戸の出身地がこの櫛引町であった。ちなみに柏戸は鶴岡南高校の卒業生である。

私も子供の頃、軒下に雪が二メートルも積もっている冬季には、長井の実家の炬燵《こたつ》に入って、大相撲の実況をテレビ観戦して、郷土出身の横綱柏戸に大いに声援を送ったものだった。そんな時に、館内放送から流れる「横綱柏戸、山形県東田川郡櫛引町出身、伊勢ノ海部屋」の声は、今でも耳に残っている。

もう一つこの村が、全国にその名を知らしめていることがある。それは能楽愛好者にとっては、非常に名高い「黒川能」の本拠地であるということである。

黒川能は、世阿弥が大成した猿楽の流れを汲むが、シテ方五流である、観世・宝生・金剛・金春・喜多の何れの流派にも属さず、独自の伝承を続け、今日まで五〇〇年にもわたって、この地で受け継がれてきている。

一般に「黒川能」と呼ばれるのは、山形県東田川郡櫛引町（現鶴岡市）大字黒川にある、八〇七年に創建された春日神社の「王祇祭」で演じられる能のことを指している。

三月二三日の祈年祭や、五月八日の例祭、あるいは一一月二三日の新穀感謝祭でも能が舞われる。また七月一五日、羽黒山上の出羽三山神社で、八月一五日には鶴ヶ岡城蹟にある荘内神社でもそれぞれ奉納上演される。

その中でも二月一日の夜に行われる「王祇祭」では、春日明神の依《よ》り代《しろ》である王祇様を迎え、上・下両座に祭の庭を設けて能が演じられる。翌二日の暁には王祇様が社に帰る宮のぼりという神事があり、夕方から舞台造りの拝殿で両座立会いの能が行われ、能の後は豊年祈念の大地踏みがある。

ここの能役者は、玄人の能楽師ではなく、囃子方も含めて全員春日神社の氏子、すなわち素人衆が務めている。今日のシテ方五流の能楽は、徳川幕府の式楽となって保護される一方、演出方法や節付（謡い方）や所作、そして舞の型などは固定化されたが、黒川能の場合は、それ以前の能楽の原初の形を今日に伝えているため、能楽研究者や愛好家の大いに注目するところとなっているのである。

不肖ながらこの私も、観世流職分の梅若修一師に付いて、四半世紀にわたって謡曲と仕舞を

黒川能（鶴岡市観光協会提供）

稽古してきて観世流師範の免状をいただいているから半玄人といっていい。

そんなことから私は、以前NHKBSで放映されたこの王祇祭の実況中継を非常に注目しながら徹夜で観たことがあった。

本格的に能を演ずるとなると、いわゆる素謡とは違って、拍子謡といわれるもので謡わなければならない。すなわち能の詩章（拍子合いの箇所）は、基本的には七五調の十二文字で書かれているが、これを八拍子のお囃子の手に合わせて謡うのである。

八×二は十六拍子となるため、定まった箇所で「モチ」といわれる間を入れたり、文句の終わりを長く引いて謡ったりして、基調である八拍子の間で謡う。

このように演能をするには、拍子の基本リズムである、「ツヅケ地」や「ミツ地」による謡い方、すなわち「拍子謡い」をしなければならないのである。これを玄人でない素人の能楽師でやるのは、容易なことではない。ましてや狂言方から、囃子方（大鼓、小鼓、太鼓、能管）までの全てを、ここの住人がやるというのだから本当に驚いてしまう。

このように、斎藤秀一が生まれ育った櫛引地域は、山形県の中でも特に伝統が息づくところなのである。

駒沢大学でエスペラントと出会う

一九二一年（大正一〇年）四月一日、一三歳になった秀一は、山形県立鶴岡中学校に入学した。

秀一は、一九二三年（大正一二年）一月一日を期して日記をつけ始め、一九二五年（大正一四年）からは、英文で書くようになった。

なぜ秀一が、英語やドイツ語、フランス語、ロシア語などの外国語、さらにはカナ文字運動やローマ字運動、そしてエスペラントなどの言語に興味を持つようになったかであるが、それは彼が曹洞宗の寺に生まれ、子供の時から経典の詠唱の中で育ったことと深く関係しているように思う。

「門前の小僧」ではないが、幼い時から寺で育ったような人間は、漢字とその読み、さらには文字や言語というものについて、おのずと関心が湧くようになると考えられる。秀一の本質は、エスペランティストというよりも、むしろ在野の言語研究者と言った方が適当であるかもしれない。

秀一の関心は、英語学習から始まって、ロシア語、フランス語、ドイツ語、ローマ字運動、カナ文字運動、さらには方言研究と、言語学に関して多方面に広がっていった。時代が良ければ、秀一はわが国で有数の言語学者に育っていたはずであり、それだけに早逝は実に惜しまれる。

秀一は、言語というものに対して鋭敏さと深い関心を持つ、天才的な言語研究者であった。

一九二六年（大正一五年）三月五日、鶴岡中学校を卒業した秀一は、四月一四日駒澤大学予科第一学年に入学して、寄宿舎（同事寮）に入った。同事寮の日課には、読経・座禅・作務が入っていた。

一九二八年（昭和三年）一月一四日、秀一はエスペラント学会々員となり、同日のエスペラントの講習会に初めて参加した。一月二一日、秀一は日本カナ文字会々員にもなった。この年から秀一は、カタカナで日記を書くようになる。

そして四月一日、秀一は駒澤大学東洋文学科に進んだ。曹洞宗の末寺の長男として生まれた秀一が、仏教科ではなく東洋文学科を選んだあたりに、彼の興味がどこにあったかを示している。

秀一の大学時代の日記（一九二九年四月九日〜一九三〇年五月一七日）には、学生生活の模様を、次のように記されている。その中から、いくつか摘記してみよう。

四月九日（火）晴　夕飯を急き立てるように食べて、神田に出かける。途中昨日書いた原稿を投書する。うまく賞にありつけることを祈っている。神田に行ったら、白水社ではもう店を閉じてカーテンを引いてある。一度あきらめたが、また引っ返したらすぐに買うことが出来た。例のように十銭本の夜店を見る。うっかりするとすぐに五十銭も一円も遣ってしまうことがあるから、大分用心して本は一冊きりしか買わなかったが、日記を買ってしまった。

四月一〇日（水）雲り雨　新聞によると、まだぞろ小川鉄道大臣が駅名札を書き換える。東京を『とうきやう』流にするそうな。どこまで物のわからないオヤジかわからない。そのうち横書きも止めて漢字ばかりで縦書きにせよと言うだろう。

Heroldo（ヘロルド）が昨日も来て今日も来た。よく見たら今日来たのが五〇七号で、昨日来たのが五〇八号と五〇九号だ。何とかしてうまい探偵小説を書いて『キング1』に出したいと思う。あれかこれかと様々筋を考えるがまだまとまらない。

四月一一日（木）曇り雨　カナ文字会から山下芳太郎氏の七周忌記念の『カナ文字寄せ書き』とゆうパンフレットが来た。五〇ページあまり有って、大抵の人々が一ページの枠で山下氏に関することを書いて皆読んでしまう。

山下芳太郎と「カナモジカイ」

秀一の日記を読むと、この頃既に秀一がエスペラントの学習に本格的に取り組んでいたことがわかる。ちなみに秀一が日記に記した山下芳太郎は、日本の言語政策の研究家である。

山下芳太郎は、一八七一年（明治四年）一二月二四日に生まれ、一九二三年（大正一二年）四月七日に没している。山下は外交官として西園寺公望首相の秘書官を務めた後、アメリカに渡ったりもした当時著名な実業家であった。その山下は、漢字は非能率的であると考えて、仮名文字協会（後の財団法人カナモジカイ）を設立した。

「カナモジカイ」の目的は、カタカナを国字にして、漢字の災いを無くし、国語を愛し、正しく美しい立派な日本語を確立することにあった。

そのため、(1)口語文でわかりやすい文章にすること。(2)難しい漢字は使わないこと。忘れた漢字を辞書を引いてまで使わないこと。(3)耳で聞いてわからない漢字は避けること。などの方針のもとに運動し、カタカナによる左横書きやカタカナのタイプライターの普及を目指した。雑誌『カナノヒカリ』を発行したり、講演会を開いたりしていた。

ちなみに山下芳太郎の遺書や墓は、カタカナで書かれており、カナ文字の普及に情熱を燃やす彼の徹底ぶりを表わしている。

「カナモジカイ」は、一九二六年、鉄道の駅の名前を表音式左横書きカタカナとするように建議した。そこで鉄道省では、物理学者でローマ字論者の田中館《たなかだて》愛橘《あいきつ》や、眼科医の石原忍などを集めて研究し、表音式横書きカタカナの採用を決定した。

若槻礼次郎内閣の井上匡四郎鉄道大臣は、一九二七年四月七日付通達二九六号「鉄道掲示例規」を出し、表音式横書きカタカナの表示が、その日から始まった。

ところが四月二〇日、若槻内閣が倒れて田中義一内閣が誕生し、鉄道大臣が井上から小川平吉に代わると、就任間もない五月四日、「表音式左横書きカタカナ」の中止を命じた。さらに七月二日には通達五七一号「鉄道掲示例規」を出して、七月五日から従来の「右横書きひらがな」とするとした。さらに一九二九年四月一一日には、かな遣いも従来のものに戻すことを命じた。秀一の四月一〇日付日記を読む場合には、このようなカナ文字運動についての変遷を頭に入れておく必要がある。

なお『Heroldo』（ヘロルド）とは、国際エスペラント連盟（ドイツ）が発行していた週刊新聞のことであり、日本語訳は「伝言板」である。

第2章　新しい「国際語」エスペラント語

エスペラント語の生みの親ザメンホフ

ここでエスペラント語の創始者である、ラザル・ザメンホフの生い立ちを見ておこう。

ラザル・ザメンホフの祖父にあたるファビアン・ザメンホフという人は、ドイツ語とフランス語を教える教師で、ポーランドとリトアニアの国境の町であるティコチンに住んでいた。

当時東欧に住んでいるユダヤ人青年の間では、「啓発」ということが一つの理想とされた。「啓発」とは、合理主義に基づいた人間解放を目指した啓蒙運動のことである。これはヘブライ語で「ハスカラ」と呼ばれ、ドイツ系ユダヤ人であるモーゼス・メンデルスゾーン（一七二九～八六年）が始めた運動だった。居住地の言語、ポーランドならばポーランド語の使用と、世俗教育の導入や、文化的同化、人間解放を訴えるこの運動は、ユダヤ文化と他の習俗との融合を目指していた。

「啓発」のためには、ユダヤ人以外との接触を図らなければならず、そのためには外国語を知る必要があった。つまり言語についての深い知識が不可欠だった。

ザメンホフ（日本エスペラント協会提供）

代々ザメンホフ家は、外国語教師を職業としていた。

ちなみにザメンホフという姓は、ドイツ語のSamenhafer（カラスムギの種）が短縮されたものである。

ラザル・ザメンホフの父にあたるマルク・ザメンホフは、二〇歳の時に、隣町のティコチンから新しい産業都市であるリトアニア（当時はロシア領）のビヤウィストクへ移住してきた。マルクは、この地で学習塾を開き、外国語と世界地理を教えた。

この頃ロシアにおいては、近代的な教育の必要性が強く言われるようになり、新しい実科ギムナジウムが続々建てられた。そのお蔭でマルクは、ユダヤ人としては破格に取り立てられ、ビャウィストクの官立実科ギムナジウムの教師になることが出来た。この実科学校は、外国語や世界地理を主とする日本の高校に近いものであった。この地には既に普通高校に当たる古典ギムナジウムがあって、ギリシャ語とラテン語を主に教えていた。

マルクは「啓発」の考え方を受け継ぎ、語学と教養の大切さを子どもたちに教えた。マルクは、ドイツ語だけでなく、フランス語、ヘブライ語、そしてユダヤ教についても、詳しい知識を身につけていた。

マルクは、ユダヤ教には迷信が多いと思っていた。したがって彼は、民族との協調を図る上からも、ポーランド人との同化を推進しなければならないと考えた。

一八五八年、マルクが二一歳の時、ショーレム・ソーフェルの娘であった一八歳のロザリアと結婚した。ロザリアはマルクより三歳下で、従順な性格であった。ロザリアは信心深いユダヤ教徒で、「すべての人間は皆兄弟であり、神の前では平等である」と、子供たちに教えた。マルクはユダヤ教に疑問を持っていたものの、それは理屈の上でのことであり、心情的にはユダヤ教から抜け出せなかった。

その長男のラザル・ザメンホフは、明治維新から九年前にあたる一八五九年一二月三日（グレゴリオ暦一五日）、人口一万四〇〇〇人ほどの小都市ビャウィストクで生まれた。当時はロシア領だったが、現在はポーランド領のグロドゥノ県の小さな繊維工業都市となっている。

ここは、ポーランドの首都ワルシャワとロシアのモスクワを結ぶ直線上にあり、ワルシャワの東北方向一七四キロの所に位置している。ちょうどヨーロッパの四つの端、スカンジナヴィアからコーカサス、ウラルからイベリアを結ぶ線の交差点に当たり、ヨーロッパ周辺の文明の中心から遠い所にあった。

中世期には、この地方を目指して西南から西ローマ文明の伝統をひくシャールマン帝国の管領格のドイツ藩の騎士団が北の方に進入し、バルト海沿岸地方から占領して開拓の手を伸ばした。東南からは西ローマの外様藩侯格のポーランド貴族たちが、この地方をワルシャワ大公領、ポーランド王国領にしようとした。東からは蒙古のジンギスカン帝国の西に向かった先鋒がこの近くまでやってきて、ヨーロッパ辺境諸侯の騎士団と戦って引き返して行った。

一方、東ローマ帝国の伝統とジンギスカン帝国の影響を受けたロシア系王侯や、モスクワ大公国、あるいはロシア帝国も北東から迫ってきた。気位の高いポーランド貴族の文化は、東南からのイスラム教徒軍の進撃を食い止めながら、イスラム教文化の影響を強く受けることになった。

ビャウィストクは一四世紀にはリトアニアの大名領だったが、一六世紀にはポーランド王国の大名領となり、一八世紀にはプロシャ王が占領し、やがてロシア領となった。一九世紀初頭になるとナポレオンのフランス軍が進出して、一時この町にはリトアニア国臨時政府が建てられた。しかし間もなくナポレオン軍はロシアに敗れ、その後はロシア帝国領となった。

この不安定な世界の諸文明の継ぎ目と裂け目の所に、ヨーロッパ各地からユダヤ人がどっと流れ込んできた。この周辺は諸帝国の辺境に当たり新開発地であるため、他の地域に比べて自由度が多かった。また諸侯も、新領土の開発経営や城市の建設発展のために、商人や職人を進んで招いた。

こうしてビャウィストクでは、いろいろな言語を使う人種が入り混じって住むようになった。とはいうものの住民の言語が混乱し、感情や世界観も食い違ったため、日常的に争い事が絶えなかった。

ビャウィストクの住民の七割はユダヤ人だった。したがって商店街や裏町では近代ユダヤ語が使われた。また住民の二割は少数の貴族と労働者のポーランド人だった。ここでは当然ポーランド語が使われた。残りの一割は、ドイツ人とロシア人、その他だった。ドイツ人は商人や技術者で、ドイツ人街があり、彼らはドイツ語を話した。

ロシア人は皇帝政府の役人と軍人兵士だった。ロシア語を使う比率は少なかったものの、公用標準語としてロシア語の使用を強制した。さらに近くの村から出てきた農民たちはリトアニア語を、南の者は白ルテニア語を使い、ラシャの取引などで入り込んできたタタール人の間ではトルコ系の言語が使われ、放浪の民であるジプシーなどはまた違う言語を使った。その他、ポーランドの上流社交界や学校などにおいては、一般にフランス語が使われた。

このようにそれぞれの人種は、おのおの別の宗教と教会を持ち、違った言語を使った。ユダヤ人たちは、ユダヤ教の教会でヘブライ語を使い、ポーランド人は天主教の教会で、祈りや歌にラテン語を使い、ロシア人はギリシャ正教の寺院でスラヴォーナ語の聖典を読み、ドイツ人は新教の教会でドイツ語を使い、タタール人はイスラム教を信仰し、アラビア語の経典を持っていた。この小さな辺境の地で、主な言語としては四種類、詳しく見れば十二から十三の言語が使われていた。

ラザル・ザメンホフが生まれた町は、一三二〇年にリトアニア大公国領に出来た集落で、最初は「白い屋根」（バルトゥストゲ）と呼ばれていた。実際に村と言えるほどのものになったのは、一九世紀の半ばのことである。一五九九年、ビャウィストクはポーランド王国の領土となった。その郊外はリトアニア領に留まった。

ラザル・ザメンホフの生家があった通りは、現在「ザメンホフ通り」と呼ばれている。

一八七三年、ザメンホフ一家がワルシャワに移ってからは、父親のマルクは外国語の能力を活かして、新聞や雑誌の検閲の仕事をした。同時に寄宿寮を開いて一四人から二〇人ほどの学生を預かり副業とした。

ザメンホフ一家は、家庭ではロシア語を話していた。しかし本来ならばポーランド語で生活しているはずであったが……。

ポーランド語を共通の言葉としているポーランドを、隣国のロシア、オーストリア、プロイセンの三国が引き裂き始め、一七九五年ポーランドは分割され消滅した。初めビャウィストクはプロイセン領とされたが、その一二年後にはロシア領に移管された。そしてロシア政府によってポーランド語の使用が禁止された。

新しい「国際語」をつくる

ユダヤ教の聖書は『旧約聖書』である。これを子どもたちにヘブライ語で読ませる時、イブレ・エズラが書いた注解書を一緒に読ませる習わしがあった。

「ローマの民というのは、一つの宗教を持っている。なぜならば、もし宗教が違うならば、言葉が違う時と同じように、嫉妬や憎しみが芽生えて来るからである」

ラザル・ザメンホフが、後年、人類に「一つの言葉」ばかりでなく、「一つの宗教」も必要だと考えるようになったのは、この注解書による影響が大きかった。

当時は、全入学者の三%しかユダヤ人のギムナジウムへの入学が許されなかった。

幼い頃のラザルは、ロシア語が大好きだった。それは、父マルクの配慮によって家庭で使われていたのはロシア語だったし、学校ではもちろんロシア語が強制されていたからである。

ラザルは、大きくなったらロシアの大詩人になることを夢見ていた。しかしラザルのロシアに対する愛は、次第に憎しみへと変わっていった。ラザルが長ずるにしたがって、ロシア人が、自分たちだけが人間で、ユダヤ人は犬畜生同然と考えていることを知ったからである。

マリア・スクロドフスカこと、後のキューリー夫人は、一八六七年ワルシャワに生まれた。彼女の父はブラズイスラフといって、ザメンホフが通ったワルシャワ市ノヴォリピエ街のギムナジウムで、数学と物理の教師兼副視学官をしていた。

ラザルの祖父も父もこの国に生まれ、この国で働いてきたが、あとから侵入してきた支配者のロシア人は言葉と土地を独占して、ザメンホフたちを人権のないよそ者と見なした。

ビャウィストクでは、すべての民族が憎み合っていた。そのためラザルは、民族間の憎しみが消え去り、言葉や土地が住民全員に平等な権利として与えられ、人々が互いに理解し合える社会を夢見るようになった。

一八六九年八月、ラザルは九歳にしてビャウィストク実科ギムナジウムに入学した。しかし体が弱かったため、二か月後には重い病気になり、一旦退学することを余儀なくされた。翌年再入学したラザルは、以後抜群の成績で首席を通した。教師たちは、ラザルを天才だと思っていた。

一八七三年一二月、ロシア政府の秘密警察に関係していた父の転勤に伴って、一家はワルシャワのサスキ公園から一キロほどのノヴォリピエ街二八に引っ越した。父は近くの実科ギムナジウムと、獣医講習所で教えることになった。

ラザルは、これまで習っていなかったギリシャ語とラテン語を五ヵ月ほど勉強してから、ワルシャワのノヴォリプキ街にあった官立第二男子ギムナジウムの四年生への編入試験を受けて合格した。

入学後ラザルは、これらの古い言語を意欲的に学習したため、顕著な成績を収めることが出来た。ラザルが自由に話すことが出来た言葉は、ロシア語、ポーランド語、そしてドイツ語だった。フランス語は自由に読むことが出来たが、話すのは苦手だった。

ラザルは、外国語を学んでいくにつれて、なぜこんなにたくさんの言語を学ばなければならないのかと疑問を抱くようになった。ラザルはギムナジウムに入る前から、漠然としたものではあったが、ただ一つの言語になれるのは、今ある民族のものでない言葉で中立的な言語である、という考えを抱くようになった。

世界には約八〇〇〇もの言葉があり、その中でも主な言葉は一〇〇種にものぼると言われているが、これらを全て学ぶことは土台不可能なことである。そこで彼は、全く新しい言葉を作ろうと考えた。

このように考えた人間は、何もラザル・ザメンホフばかりではなかった。例えばデカルトなども、そうした考えを持っていた。デカルトは、「人工語は可能であり、その拠り所となる科学を見出すことが出来る」と述べているし、一六六六年、ライプニッツは、「世界語案」を書いた。

チェコの教育学者コメシスキーは、一六四一年に「自然語とは比べものにならないくらい易しくて、習い易い共通語の補助言語を人類が使う時が来るだろう」と予言した。

ラザル・ザメンホフが「国際語」を創る前に、既に一五〇もの世界語が考案されていた。しかしこれらの世界語なるものは、いずれも間もなく消滅した。

一八七三年、ラザルはワルシャワ第二古典ギムナジウムに転校し、ギリシャ語とラテン語を学んだが、ギムナジウムの五年生になって英語を学び始めると、英語は語尾変化がほとんどなく、しかも文法が非常に簡単なことに気付いた。ラザルは試行錯誤の末、ラテン語かドイツ語系の単語を、少し形を変えて採用すれば世界語が可能であるかもしれないと考えるようになった。そこで実際に使われているいろいろな言語を調べてみると、よく似た形で各国語に共通している単語のあることがわかった。

こうして一八七八年、ラザルがギムナジウムの八年生の時に、「リングベ・ウニベルサーラ（『世界語』）」の大半が完成した。ラザルの友達の何人かがこの新しい言葉を勉強してみると、あまりにも覚えやすいので一様に驚いてしまった。

ラザルが自分の国際語を仕上げている最中の一八七九年、ドイツのコンスタンツに住んでいたヨハン・マルティン・シュライアーが「ヴォラビック」という国際語案を発表した。彼は、『シオンのハープ』という宗教文学の雑誌を出していた、当時四八歳の神父だった。

一時は全世界に三〇〇もの会が出来、免許を取った教師が一〇〇〇人、独習書が三〇〇種、この言葉で書かれた雑誌が二五も発行されるという盛況ぶりだったが、やがて消滅してしまった。

ワルシャワでザメンホフ一家と親しく交際しているユダヤ人に、レヴィテ一家があった。この家でラザルは、レヴィテ家夫人の妹クララを紹介された。クララは、リトアニアのコヴノ市で小さな石鹸工場を経営している父親アレクサンデル・ジルベルニクと母親ハダサ・ベロッホの間に一八六三年に生まれた。

一八八一年、クララはギムナジウムを終えると、しばらく各地の親戚を訪問したが、その旅行の途上でラザルに出会うことになった。

ラザルはクララに向かって、長年ユダヤ人として差別に苦しんだ経験を語り、そうした迫害を消し去るためには「世界語」をうち立てる必要があると熱く語るとともに、エスペラント語出版の苦労話をした。この話に心を打たれたクララは、父から貰えるお金を全部ラザルが提唱するエスペラント運動に注ぎ込もうと考えた。

その年二人は結婚式を挙げた。クララの父のジルベルニクは、これ以降ラザルのエスペラント運動に対して最大限の支援を続けることになる。

エスペラント（希望）語の『第一書』の学習全書は、大学ノートを半分にしたくらいの小さな薄い本で、四〇頁ほどしかなかった。表紙の裏には、「この言葉の作者は、この国際語に対する私有権を永久に放棄する」と書かれていた

その中身は、「まえがき」、「アルファベット」、「文法一六か条」、「文例」、「九一八単語の辞書」から成っていた。

「まえがき」には、「自分の国の人たちと話す時には自国語で話し、他の民族の人と話す時には、国際語を使うことにする」という考え方が述べられていた。「文例」には、六つの短い文

章が載っていた。それは『主の祈り』と聖書創世記のはじめの数節、手紙の一文例、ハイネの訳詩、ラザル自身の原作エスペラントの詩二編である。

日本におけるエスペラント運動

一八八七年七月二六日、ロシア領のポーランドのワルシャワで、「エスペラント博士」著による四〇頁ほどの『国際語』のパンフレットが発行された。「エスペラント博士」とは、言うまでもなくラザル・ザメンホフのペンネームである。

エスペラント語は、ザメンホフらの努力の甲斐もあって、ロシアとドイツを主に、二年後には一〇〇〇人の仲間を得た。

一九〇二年（明治三五年）五月、長谷川辰之助は、極東ロシア・ウラジオストクのエスペラント会に出席した。小説『浮雲』の著者として知られる長谷川辰之助こと二葉亭四迷は、当時三九歳だった。彼は、それまで東京外国語学校で教授をしていたが、高等官の職をなげうって一個人商店に過ぎない徳永商店ハルピン支店顧問として、ハルピンに赴くところであった。

二葉亭はこの地で会長をしているロシア工兵大尉ポストニコフに会ったが、その際エスペラント語の学習を勧められた。当時ポストニコフは三〇歳。首都ペテルスブルグ在任中に、最初のエスペラント語組織である「エスペーロ」の会長を務めたほどの熱心なエスペランティストであった。ポストニコフは、一八九九年ウラジオストクに赴任する前に、ポーランドのワルシャワにザメンホフを訪ねていた。

後に、日本におけるエスペラント運動の父とも言われた小坂狷二《こさかけんじ》がエスペラント語を学び始めたのは、この『国際語』だった。

一九〇六年（明治三九年）六月一二日、東京神田の一ツ橋にある学士会館事務所で、黒板勝美《くろいたかつみ》、安孫子貞次郎《あびこていじろう》、薄井秀一《うすいひでかず》が発起人となって、日本エスペラント協会を発足させた。九月二八日、協会の第一回大会が神田美土代町にあった青年会館で開催された。

この年八月には、協会の機関誌『日本エスペラント』第一巻が発行された。それには、「国際語としてのエスペラントは、既に研究時代を去りて実用時代に入り、欧米諸国にありては諸種の団体及び各方面の人々により熱心に普及せられ、パリあるいはロンドンにおける世界的会合にては、現にこれを実行しつつあるの盛況に至れり。……従来学術の普及、商業上の取引、その他すべての世界的関係事業において、国語の相違より感じたる一切の不便は、エスペラントの普及により全然一掃せらるべく、かつ世界各国の人民がこれによりて最も便利かつ最も親密なる交際をなし得るの日近きにあるは、吾人の固く信ずる処なり。殊に我日本の如き新進勃興の邦国にありては、今後益々進んで学術その他百般の事業を世界に紹介すべきものの多かるべく、また欧米各国の学者政治家、若しくは実業家等の我が国に遊ぶもの日に加わり来るを見れば、この至便にして完全なる国際エスペラントを採用し、これが普及を図るは、豈今日の急務にあらずや」と記載されていた。

プロレタリア・エスペラント運動

国際語を創ることによって世界平和を目指すというエスペラント運動は、初めから強い理想主義に立脚していた。このため第一次世界大戦後、世界的に平和運動が高まりを見せたことと相俟って、日本においても多くの知識人や学生の共感を得ることになった。

大学紛争が激化する一九六八年頃までは、都内の主要な大学、例えば早稲田大学や上智大学や青山学院大学などには、「エスペラント研究会」が設立されていたものである。

一九二六年（大正一五年）一二月二五日、元号が昭和に改まった。その翌年の一九二七年（昭和二年）、日本では銀行の取り付け騒ぎから金融恐慌が発生した。一九二九年一〇月、ニューヨーク市場で発生した株式大暴落は、瞬く間に全世界に伝播し、世界大恐慌へと発展した。

そんな最中の一九二八年（昭和三年）、秋田雨雀、佐々木孝丸、伊東三郎らによって「国際文化研究所」が設立された。翌一九二九年に「プロレタリア科学研究所」と改称され、機関誌『プロレタリア科学』が毎月発行された。これにはエスペラント語の要約が毎月添付された。

一九三〇年（昭和五年）三月、プロレタリア科学研究所の語学講習の一つとして、エスペラント語初等講習会が、新宿と本所で始まった。

日本のプロレタリア文化運動は、一九二一年（大正一〇年）、小牧近江により発行された『種撒く人』が端緒となり、やがて青野季吉、平林初之輔、佐々木孝丸などがこれに加わって、プロレタリア文学運動が唱えられた。しかし『種撒く人』は、一九二三年に発生した関東大震災のため停刊となり、その後創刊された『文芸戦線』が、プロレタリア文学の中心的役割を果たすことになる。

一九二六年日本共産党が再建され、翌一九二七年には中野重治や鹿地亘らによって『プロレタリア芸術』が、また蔵原惟人《くらはらこれひと》らによって『前衛』が発行された。

一九二八年（昭和三年）二月、初の普通選挙が行われたが、与党の政友会は振るわなかった。これに危機感を持った政府は、三月一五日共産党と労農党に対して弾圧を行い、六月、緊急勅令により、治安維持法を最高刑死刑、目的遂行罪を加えた法律に改訂した。

第3章　治安維持法と特高

治安維持法の施行

一九二五年（大正一四年）一月、日本とソビエト連邦との国交樹立（日ソ基本条約）が成立したことにより、共産主義革命運動の活発化が懸念される中で、同年四月二二日に治安維持法が公布され、五月一二日より施行された。治安維持法は、普通選挙法とほぼ同時に制定されたところから、成人男性の普通選挙実施による政治活動の活発化を抑制する目的で制定されたものであることは明白だったが、普通選挙の実施は一九二八年（昭和三年）まで延期された。

治安維持法は、一九二八年に緊急勅令「治安維持法中改正の件」により、また太平洋戦争を目前にした一九四一年（昭和一六年）三月一〇日には、これまでの全七条だったものを全六五条とする全面改正が行われた。

ちなみに、一九二八年改正の主な特徴には、(1)国体変革に対する厳罰化、(2)結社の目的遂行の為の行為の禁止規定、などがあった。

政権や公安警察にとって不都合なあらゆる現象や行動は、「結社の目的遂行の為にする行為」の名目で、同法を適用する根拠になった。極端に言えば、不都合な相手ならばただ生きて呼吸しているだけで「結社の目的遂行の為にする行為」とみなされ、逮捕される可能性があった。弾圧の強化は、公安警察という組織の維持のために、新しい取り締まり対象を用意することの必要に迫られた結果でもあった。

治安維持法の下で、一九二五年から一九四五年の間に七万人以上が逮捕され、その内一〇％が起訴されたと言われている。小林多喜二や横浜事件の被疑者四名の獄死にみられるように、量刑としては軽くとも、拷問や虐待などによって、将来有望な多くの生命が奪われた。

治安維持法は共産主義運動だけではなく、民主主義運動や極右運動の弾圧など反政府組織全般への取り締まりにも用いられた。内容的には、逮捕状を裁判官ではなく検事が出せることや、予備拘禁といって、刑期を終えて釈放される者を事実上無制限で監禁できること、また弁護士を自由に選べないこと、禁固刑がなく、有罪は即時に懲役刑になることなどが定められていた。したがって一旦有罪になると、理論上は死ぬまで監禁されることにもなりかねなかった。

特別高等警察の創設

次に特高が果たしてどのような歴史を辿ったかを、荻野富士夫著『特高警察』（岩波新書）を参考に説明しよう。

特高警察（正式には特別高等警察）が存続した期間は、一九一四年（明治四四年）から一九四五年（昭和二〇年）までの三一年間である。

大政奉還と戊辰戦争を経て明治維新の改革が進む中で、一八七四年（明治七年）一月、司法省から「警保寮」を引き継いだ内務省は、「国事犯を隠密裡に探索警防すること」、つまり国家秩序を乱すと思われる者への警戒をその役割の一つとした。東京警視庁には「安寧課国事掛《あんねいかこくじがかり》」が置かれ、一八七五年三月制定の行政警察規則には、「国法を犯さんとする者を隠密中に探索警防すること」と規定された。

士族反乱の終息後は、国会開設などを求める自由民権運動が大きな盛り上がりを見せた。これに対して警察側は、まず言論活動の取り締まりを加え、次いで集会結成に対しては集会条例などによって封じ込めようとした。そこでは抑圧取締り機構の未整備を補うために、スパイが活用された。国事警察の整備が進む中で、自由民権運動で要注意とみなされた人物や政治結社に対しては、絶えず監視がつきまとい、その動静が詳細に報告された。

日清戦争から日露戦争に至る二〇世紀の転換前後、産業革命の進展と資本主義の急速な勃興は、労働者層や新中間層を生み出すとともに社会問題を引き起こすことになった。例えば足尾鉱毒事件の反対運動に見られるように、新しい形の社会運動や労働運動が生じることになった。こうしたことは、国家の秩序を維持せんとする体制側にとって、脅威と映った。

高等警察の「特高警察」化の元年を画するのは、一九〇〇年（明治三三年）三月の治安警察法と六月の行政執行法公布施行にあった。

一九一〇年（明治四三年）、社会主義運動を一挙に潰滅に追い込む事件が発生した。天皇暗殺を計画したとして、幸徳秋水、管野スガ、宮下太吉をはじめとして、社会主義者や無政府主義者ら多数が検挙され、二六人が起訴され二四人に死刑判決が下った「大逆事件」であった。恩赦があったため、実際に刑死したのは一二名だったが、その一人が内山愚童（曹洞宗林泉寺住職）であった。

曹洞宗では、内山の非戦論を評価し、ここ一〇年ほどの人権学習において、内山思想の顕彰を行っている。

恩赦されたものの、秋田刑務所で自死したのが、高木顕明（真言宗大谷派僧侶）であった。この事件の青写真を描き、社会主義運動、思想の一掃を企画して、半年余りで裁判・刑執行まで突き進んだのは、平沼騏一郎らを中心とする司法官僚であった。全国各地で「社会主義者狩り」が強行され、一年後には社会主義者九九四人、準社会主義者九八一人が、警察の視察対象となった。

大逆事件によって、社会主義運動は「冬の時代」となった。この事件を契機に「特高警察」が創られ、その監視下で厳重な視察取締りが日常的に行われることになった。

一九二八年（昭和三年）二月、衆議院議員の最初の選挙で、日本共産党は党員の立候補やビラの配布などで公然とその姿を現した。これに危機感を強めた田中義一内閣は、警察と検察を動員して、三月一五日未明、一道三府二七県で、共産党員とその関係者と目された者の一斉検挙を断行して、約一六〇〇人の検挙者と、四八八人の起訴者を出した。これが国内における治安維持法の本格的発動となった（三・一五事件）。

治安維持法によって、労働農民党や日本労働評議会などは結社禁止になった。田中義一内閣は、四月一〇日事件を公表し、「赤化」の恐怖を強調した。

警察の機能は、一般に犯罪予防を主とする「行政警察」と、犯罪の捜査や容疑者の検挙、取り調べを主とする「司法警察」に分かれるが、戦前の警察の特質の一つとして、行政警察の領域が広かったことがある。これによれば、警察の役割は、犯罪予防のみならず、衛生、工場、建築、営業などの国民生活と広汎にわたったが、その中で特高は、支配統治機構の末端の執行機関として機能した。

もう一つの特質として、「特高警察」に代表される治安維持や、社会秩序の維持機能の強力さがあった。一般的には特高警察のイメージとして、共産主義者の動静を日夜内偵し、治安維持法を武器に検挙・取り調べを行う姿を想起しがちだが、同時に国家・社会の「安寧を保全する」役割も日常的に果たしていた。

「合法の範囲」から逸脱しているか否かの判断や犯罪かどうかの認定は、ひとえに特高警察の意思にかかっていた。

保安課長や事務官のポストを占めるのは、高等試験合格組だった。内務省は、現在の総務省、警察庁、国土交通省、厚生労働省などの広範な行政領域を持っていた。内務省の官僚は、内務畑、警察畑、土木畑などの職務を経験するが、本人の特性を考慮して、比較的特定の職務に従事する場合もあった。

特高警察の中枢である警保局の保安課長と局長の経験者には、横山助成、唐沢俊樹、萱場軍造、富田健治などがいた。また警視庁特高部長と警保局長の経験者には、安倍源基、水池亮の二人、警視総監と警保局長の経験者には、横山、安倍、萱場、山崎巌、町村金吾らの八人をあげることが出来る。これらの内務官僚は戦後公職追放されたが、解除後はその多くが自民党の衆議院議員となった。

高等試験合格組は、入省後五年程度で小規模な警察署の特高課長となり、その後二、三の特高課長を経験した後、入省一〇年前後で本省保安課の事務官僚になった。特高課長と外事課長は、内務省の「指定課長」であった。その実質的な任命権限は、警保局保安課長が握っていた。こうした内務官僚のエリートの対極にあったのは、特高の実戦部隊ともいうべき各都道府県の特高課や各警察署の特高係だった。

このように特高警察の組織は二層構造になっており、実務の中心は「叩き上げ組」が担い、職歴の特殊性からして、長期にわたることが多かった。

拷問の黙認

戦時下における最大の弾圧事件は「横浜事件」であった。戦後、無実を訴える元被告人やその家族・支援者らが再審請求をし続けた結果、二〇〇五年（平成一七年）に再審が開始され、その後、罪の有無を判断せず裁判を打切る免訴判決が下された。

一九四三年（昭和一八年）、改造社、中央公論社をはじめ、朝日新聞社、岩波書店、満鉄調査部などに所属する関係者約六〇人が、次々に治安維持法違反容疑で逮捕された。神奈川県特高は、被疑者に対して、革や竹光などで殴打し、失神すると気付けにバケツの水を掛けるなどして激しい拷問を行った。このため獄死者も出ることになった。

『改造』と『中央公論』は廃刊になった。

改造社社員相川博の取り調べの際、神奈川県特高は、「言え！　貴様は殺してしまうんだ。神奈川県特高警は、警視庁とは違うんだ。貴様のような痩せこけたインテリは何人も殺しているのだ！」と怒鳴って威嚇した。神奈川県特高の拷問を用いた取り調べは、警視庁特高に対する対抗意識もあって、苛烈を極めた。自供を引き出すのに難航した場合には、はじめから拷問を実行して、肉体的苦痛と恐怖を植え付けた。

拷問が特高警察の代名詞になったのは、「三・一五事件」だったが、スパイの情報によって、ある程度党員名が判明していた警視庁や大阪府とは異なり、北海道などの地方においては、党の実態が不分明なため、拷問や自白強要などをもとにした「芋づる式」の検挙と検束が相次いだ。

一九二九年（昭和四年）二月八日、各地の拷問の実態を調査した山本寛治は、衆議院予算委員会の場で、「鉛筆を指の間に挟み、あるいは三角形の柱の上に座らせ、その膝上に石を置く。あるいは足を縛って、逆さまに天井からぶら下げて、顔に血液が逆流して、悶絶するまでうっちゃらかして（放置して）置く。あるいは座布団を縛り付けて竹刀で殴る、という実例が至る所にある」と、具体的に函館の事例などをあげて政府を追及した。

これに対して内務次官秋田清は、「あのような事故が我が国の警察行政の範囲内においてあるかどうかということについては、断じてこれ無しと申し上げて宜しいと思っている。明治・

大正・昭和を通じまして、この聖代において想像するだに戦慄を覚ゆるような事態が、果たしてあるでございましょうか！」と述べて、拷問の事実を全面的に否定した。

この時点では、政府や取り締まり当局も、拷問に関して違法性の認識を持っていた。しかしながら実際には、内務次官の答弁は建前であって、拷問が多用されていた。

一九二九年九月、特高課長会議で渡辺千冬司法相は、警察官の職権濫用によって被疑者やその関係者に「凌辱苛虐」を加えたり、「不法不当の処置」をしてはならないと訓示している。

拷問による取り調べを奨励したり慫慂したりする公式の文書は存在しないが、それでも内輪の座談会などにおいては、時々本音が吐かれた。

例えば警視庁で「特高警察の至宝」と呼ばれ、ノンキャリアから佐賀県警察本部長に昇進した毛利基は、「四・一六事件」当時の上司にあたる労働係長浦川秀吉の拷問ぶりについて、「砂間一良を脂汗がでてハラハラするほどの調べ方をした。諦めて締め上げても砂間より何一つのネタが出ない。確か二〇日間ぐらい継続してやった」と語っている。

ちなみに「四・一六事件」とは、一九二九年四月一六日に行われた日本共産党（第二次共産党）に対する検挙事件のことである。

特高経験者の宮下弘は、「取り調べの際の暴力ですが、ぶん殴るというようなことがなかったかというと、それは随分あったかもしれない。それはいろんなものが重なり合って、警察にはそういう習慣があるんです。……そういう意味では暴力は警察の中では、比較的日常化していると言うことがありました」と述べている。

つまり、「彼らは共産主義者で非合法活動をやっているのだから、拷問を受けるのも当然である」と考えていたのである。

天皇に歯向う悪逆不逞の輩に対しては、国家国体の護衛のためには、どんなに違法な取り調べを行っても許容されてしかるべきだという考え方が存在していた。このため取り調べの際の拷問などの超法規的行為は実質的に承認され、効果的な取り調べ方法として奨励された。法令の逸脱の常態化の結果、予防検挙や、検束、長期勾留、たらい回し、盗聴、信書の抜き取りなどの脱法的行為が横行した。

一九三九年（昭和一四年）七月、東京刑事地検検事局思想部との以下の座談会における警視庁特高第一課による身柄の勾留についての発言は、検挙・取り調べの実際などが実際にどのような警察官の意識下で行われてきたかの一端を示している。

林半（警部）　期間を区切ってあると、その期間が来れば釈放されると思うのですね。検束の蒸し返しに限りますよ。

安斎末吉（警部）　いつまでも置くということが武器ですから、昔と違って手荒な取り扱えはしませんから、この権限を取り上げられれば事件の真相は出ません。

藤井省三郎（警部）　長いこと繰り返し同じことをやる。いつまでかかるか判らぬという所で自白するのです。

この述懐のように特高側は、かつてほど「手荒な取扱い」、つまり物理的な身体への拷問を控える代わりに、勾留を意識的に長期化させることによって、好都合な「事件の真相」を引き出そうとしたのである。

ＧＨＱの「人権指令」により特高は廃止

特高警察は、その特別性ゆえに警察全体の中で主流に位置し、花形の部門だった。当時は一般警察官から特高への異動は、大変な抜擢と見られていた。それは、思想犯罪の取り締まりに当たる警察官は一般警察官より洗練され、一段上の知識や技能の持ち主であると考えられていたからである。高等文官試験に合格したいわゆるキャリアの警察官僚は別にして、特高警察部門で頭角を現すと、さらなる栄達の道が開かれた。その典型が上述した毛利基である。

ポツダム宣言第一〇項後段には、「民主主義的傾向の復活強化に対する一切の障碍の除去」という文言があった。これは一九四五年九月二日の降伏文書に調印された。

九月二二日の「降伏後における米国の初期対日方針」によれば、基本的人権、特に信教、集会、言論、出版の自由を尊重し増大するように奨励されるとして、法律や警察組織をそれらに適合させるため速やかな改革を行うことが明記された。

九月八日、占領軍の対敵諜報部隊（ＣＩＣ）は警視庁特高部を臨検したが、こうした占領軍の意向を、内務省と特高警察は無視し続けた。

九月二六日、三木清が豊多摩拘置所で獄死したため、戦時中からの抑圧的取締り態勢が、その後も続いていることが明らかになった。

一〇月三日、山崎巌内相はロイター通信の東京特派員に対して、「思想取り締まりの秘密警察は現在もなお活動を続けており、反皇室的宣伝を行う共産主義者を容赦なく逮捕する。また政府転覆を企む者の逮捕も続ける」と語った。

一〇月四日、民主化改革を行う意思がないとみたＧＨＱは、日本政府に対して、「政治的、公民的、および宗教的自由に対する制限の除去の件」などを含む「人権指令」を突き付けることにした。これによって日本政府は、治安維持法をはじめ、一切の弾圧諸法令の廃止、政治犯の即時釈放、特高警察の廃止、特高警察官の罷免などを実施せざるを得なくなった。

ダイク民間情報教育局長は、これを「既定方針の前進」と評価した。ここに至って東久邇宮内閣は退陣することになる。

罷免の不徹底に業を煮やしたＧＨＱの「公職追放指令」

内務省は、一〇月五日、各都道府県に特高警察機能の停止を通告し、六日、特高課、外事課、検閲課の廃止を通告した。そして七日、「政治犯」の釈放を決定し、一五日までに政治犯三五三人、予防拘禁者一七人が釈放され、保護観察中の一八九六人が処分解除となった。

一三日、警保局は、保安課、外事課、検閲課を廃止した。同日、国防保安法、軍機保護法、言論集会結社等臨時取締法など、一五日には治安維持法、思想犯保護観察法などが廃止となった。

こうして内相、警保局長、保安、外事、検閲各課長、および各府県の警察部長ら五一人、特高課長、外事課長五五人、警部一六八人、警部補一〇〇〇人、巡査部長一五八七人、巡査二一二七人の合計四九八八人が罷免になった。罷免者の全警察官に占める割合は約六〇%であった。

ところがこうした罷免は不徹底なものであった。それは内務官僚が二つの抜け道を見つけたからである。

警保局保安課などを廃止して、各課長を罷免したものの、主任級の事務官や属は、他局や課に転属することが出来たし、また一〇月四日の現職者としたため、それ以前に他の警察署に異動していれば、特高経験が長期に亙ったものであっても不問にされた。反対に一〇月四日以前に特高関係部局に異動になった者は割を食うことになった。

GHQとの折衝で獲得したもう一つの抜け道とは、内務省、司法省、文部省以外の官庁に転属させるやり方であった。一一月八日の時点で、課長級を除き、罷免者の約一二%が府県庁、市町村や、外郭団体に再就職した。

こうした不徹底ぶりに業を煮やしたGHQは、特高警察の解体を決定的にした。これが、一九四六年一月四日の「公職追放指令」だった。

これによって、特高警察に関するG項・「軍国主義者、および極端なる国家主義者」、具体的には人民戦線事件やゾルゲ事件など重要な刑事事件関与者や、八年以上、または昭和一六年三月以降四年以上にわたって特高に従事した警部以上の者などが該当対象となった。

当初の試算では、一斉罷免者も含め一万五〇〇〇人の特高関係者の個別審査が予定されていたが、実際Ｇ項該当による追放者は四五八人で、その内特高関係者は三一九人だった。

　この中には初代警視庁特高部長で終戦時内相だった安倍源基や、警保局保安課長・警保局長などを歴任した富田健治などがおり、一斉罷免者として八六人が該当した。

第４章　プロレタリア文化運動と斎藤秀一

鶴岡のプロレタリア文化運動

鶴岡におけるプロレタリア文化活動については、鶴岡市史編纂委員の堀司朗氏の『近代鶴岡の文芸―プロレタリア文化運動と池田勇作』がある。本書は、堀氏からご提供いただいた多くの資料に負っている。

一九三〇年（昭和五年）一月一五日付の地元紙『荘内新報』に、「激増する身売り女性一か月四〇余名」という見出しの記事が掲載された。昭和初期の大不況の煽りを受けて、鶴岡では地場産業である輸出用絹織物業の休業が相次ぎ、失業者は一〇〇〇人を超えた。織物業の落ち込みは鶴岡の景気を悪化させ、小学校では欠食児童が倍増した。

第一次世界大戦期間中のいわゆる造船バブルが過ぎ去ると、日本経済は慢性的な構造不況に陥るようになり、労働争議や小作争議が多発した。一方で、大正デモクラシーで開花した人間の生き方や文化のありようを問い直す風潮は、昭和に入っても続いた。

そんな中で多くの青年を捉えたのは、社会の構造的矛盾を鋭く突くマルクス主義や、貧窮に喘ぐ人々の生活を描いたプロレタリア文学だった。明治末期から、漢詩の土屋竹雨、童話作家の安部季雄、国文学者の三矢重松などの鶴岡出身の文人たちが中央で活躍していた。

大正一三年四月、星川清躬が主宰する『魚鱗』が創刊された。これには同人八名の詩と短歌が収載された。昭和に入ると、一九二八年（昭和三年）、小林多喜二の『蟹工船』や、徳永直の『太陽のない街』などが出版され、プロレタリア文学が文壇の主流を占めるようになった。

一九二九年、『荘内新報』記者の北楯良弥らの提唱で、「社会思想研究会」が設立され、六月八日に初会合が、七月二一日に二回目の会合が開かれた。『荘内新報』に掲載された「主旨」には、「鶴岡のような階級的対立の先鋭でない小都市にあっては、まずこの種の少数の知識階級人が、最初に時代意識を感受する。だからこの種の人々が、どんな社会的観点に立ち、どんな思想傾向を維持するかは、その都市全体の思想傾向を指導する上で重要な役割を持つ。……由来庄内人は、特に多量の東洋主義的精神の伝統に育てられてきた。殊にかの儒教思想は、封建的支配勢力と新興資本主義の支配力のために、その盲従的無気力的特徴を極度に利用されて、鶴岡を中心とする大衆の間に根強い浸潤を示している。かくて完全に去勢された庄内の大衆は、ただ盲目的な屈従と現状肯定の観念を以て黙々として、惨憺たる生活苦の中に呻吟してきた。吾々は今やこの現状を全日本の自覚大衆と同水準にまで昴めなければならない」と、地方における思想運動の先駆であることが強調されていた。

一九三二年（昭和七年）一月一七日、吉田猛、庄司徳太郎、池田勇作、梅木米吉らを中心にして、会員約四十余名を以て鶴岡文化クラブが結成された。一月二十五日には、当時プロレタ

鶴岡文化クラブが大宅壮一を招いて講演会を開催
（『魂の道標へ』より）

リア文学評論家として名高かった大宅壮一を招いて、鶴岡文化クラブ主催の「大宅壮一文学講演会」を開催した。また五月には、「日本プロレタリア作家同盟（ナルプ）山形支部準備会鶴岡地区委員会」が結成された。

池田勇作は、『荘内新報』紙上に六月五日から九日まで四回にわたって、牧本進の筆名で、「（同会）結成と我等の任務」と題する文書を掲載した。これによれば、この会は天下り式に出来たのではなく、これまでの地方文芸研究会―文芸同好会―鶴岡文化クラブ文芸部の活動の発展的な成果として下からの盛り上がりによって出来たのだと強調している。

同会はその機関誌として『庄内の旗』を刊行したが、一号は三月一五日の池田らの検挙の際に没収され、二号も四月に刊行されたが、いずれも現物は残されていない。一九三三年（昭和八年）六月一三日付の『庄内の旗』五・六月号（三号）は、ガリ版刷りB５判四八頁の冊子で、編集兼印刷発行人を岡田昇としている。

署名のある記事や作品は、次の通りである。

「石川啄木の正しき評価について」　北嶋三郎

「組織のセクト化と闘へ」　白戸純

「『庄内の旗』第二号を見て」　水野清

「鉄管試験工事場の一日」小坂哲之助
「山田清三郎訪問記」牧本進
「俺達はきっと勝つ」竹内丑松
［詩］
「おまへーバスの兄弟へー」古谷三郎
「おいらの戦術」木山明
「母におくる」吉村吉郎
「内川堀切の雇人になった思ひ出」村道田三郎
「勤労」村佐沼朝治
［小説］
「女工」牧本進
［報告文学］「黙祷　二」浮田進一郎

本名で書いているのは竹内丑松だけで、他はペンネームだった。「石川啄木の正しき評価」はその内容からみて啄木に傾倒していた斎藤秀一が書いたものである。牧本進と浮田進一郎は、いずれも池田勇作である。

池田勇作、郁夫妻の逮捕と拷問の実態

二〇〇七年（平成一九年）、池田道正・佐藤幸夫・堀司朗編著で『魂の道標へ―池田勇作と郁の軌跡』（私家版）が刊行された。この中で佐藤幸夫は、「池田勇作とその妻郁・生い立ちと生涯」と題して執筆している。この佐藤の研究に従って、当時の特高による拷問の実態を見たい。

かつて昭和二〇年代、庄内で日本共産党を代表していたのは、戦前からこの運動に参加していた竹内丑松だった。竹内は、最高死刑という世界にも知られた治安維持法の下で党活動を行った唯一人の闘士であったが、その彼でさえも一九三三年以降終戦を迎えるまで活動を行うことは出来なかった。

一九三二年から三五年にかけて、庄内における文化活動を積極的に行い、さらに一九三七年に開始された日中戦争下で、日本共産党の再建を目指して活動した夫婦がいた。それが池田勇作と妻郁だった。

池田勇作は鶴岡市出身で、一九四〇年（昭和一五年）に逮捕され、一九四四年三月豊多摩刑務所で獄死した。その翌年の八月一二日、妻郁が終戦の三日前に、余目の生家で病死した。

池田勇作・郁夫妻
（『魂の道標へ』より）

池田勇作と斎藤秀一は微妙な糸でつながっている。それは何故かというと秀一の検挙の端緒となったのが、一九三二年（昭和七年）秋モスクワで開催されることになっていた演劇オリンピアードに、日本からの代表として派遣されるプロレタリア作家同盟の池田勇作後援のための基金に、秀一が応募したためであったからである。検挙された秀一は、九月一八日釈放されたものの、小学校の教師は免職となった。

勇作と郁がどこの警察署に連行されてどのような取り調べを受けたかは明らかでないが、一九三八年（昭和一三年）に検挙され、神田の錦町警察署で特高の拷問にかけられた中西三洋の記録があるので紹介したい。これによって当時の特高による拷問が、いかに惨かったかを知ることが出来る。

「特高の取り調べの筋書きは、『お前はこういうことをやったろう！』と勝手な『罪状』を示し、『知らない』、『やっていない』と言うと、『この野郎、特高をなめるのか！』と脅しにかかる。それでも口を割らないと、拷問が始まるのです。こうした事件のデッチ上げ作業が拷問なのです。最初の時特高は、私を椅子に腰掛けさせたまま後ろ手に手錠をはめ、『お前のような者は殺してもよいのだ！』と怒気荒く喚き、下っ端のテロ係に『ヤレ！』と叫びました。この合図で、竹刀を持った二人のテロ係が左右に分かれ、腿を滅多打ちにしました。二〇分ぐらいは打たれるたびに、背筋から頭にズンの痛みが走りますが、それから腿が腫れ上がり、感覚がマヒして痛みが小さくなりました。だんだん腫れがひどくなりましたが、それでも殴るのを止めません。私は拷問する警官の額の汗を見ていました。『立て！』と言われましたが、立って歩くことが出来ません。警官に両脇をかかえられて留置場に放り込まれました。

腿が内出血で青黒く腫れ上がり、竹刀で殴った所が線状に皮膚が裂けて出血していました。私は一週間ほど一人で便所に行くことが出来ず、他の留置人の肩を借りて通いました。私がようやく一人歩きが出来る様になると、また取り調べという名の拷問が始まりました。特高は、『お前のような強情な奴はいない』と悪たれをつきながら、指の間に鉛筆を挟んで締め上げました。これも痛い拷問です。足首を結わえて天井から吊り下げ、鼻から水を入れる。このテロは準備がものものしく、今にも殺さんばかりの迫力のあるものでした。

鼻から水を入れられ、私は気を失いました。留置場で気がついて、あァ生きていたという喜びと特高警察に対する憤りで胸が熱くなりました。

いつの日か俺たちがこの野郎どもを裁いてやる。大資本、大地主の搾取に反対し、戦争に反対し、民主的な社会をつくることが何故いけないのだ。日本も世界もその方向に確実に前進している。反動の嵐は、今も強く見えても必ず崩壊する。……二〇歳の私は、天皇制権力へたぎる怒りを燃やしました。回復したころに次の拷問ということになるので、留置場の中で私はいつも障碍者か半病人のような状態でした」

こうした過酷な取り調べは、斎藤秀一に対しても当然行われたであろう。

日本プロレタリア・エスペラント同盟（ポエウ）

一九二八年（昭和三年）二月、第一回普通選挙が実施されたが、社会主義的な政党（無産政党）の活動に危機感を抱いた田中義一政権は、三月一五日治安維持法違反容疑で全国一斉検挙を行い、日本共産党、労農党など関係者一六〇〇人が検挙された。

この三・一五事件直後の三月二三日、蔵原惟人らは中野重治と合同して、「全日本無産者芸術連盟（ナップ）」を結成し、機関誌『戦旗』を発刊した。ナップは、一九三一年には「日本プロレタリア文化連盟（コップ）」となったが、弾圧が強化されたこともあって、多くの作家が逮捕されることになった。

さて一九三〇年（昭和五年）に発足した「日本プロレタリア・エスペラント協会」は、一九三一年一月一八日、組織を全国に広げ、「日本プロレタリア・エスペラント同盟（ポエウ）」に発展した。

一九三一年四月、"La Revuo Orienta"誌は、内地報道欄で、ポエウ結成を次のように伝えている。

「階級闘争の激化に応じて全世界の労働者農民の国際的団結がますます強調されねばならない今、全世界プロレタリアートに利益のためにエスペラントを宣伝し実用することの必要はより強く感ぜられる。この切実な階級的要求に応じて、わが国のプロ・エス運動を拡大強化するために、昨年夏、東京にプロ・エス協会が組織されて、講習に研究に活動を続けてきたが、運動の全国的拡大とその強化のために、去る一月一八日、東京に日本プロ・エス同盟（**Japana Prolet-Esperantista Unio**）が結成された。

これによって初めて日本におけるプロ・エス運動の全国組織がなり、今後全国的に国際的に充実した活動を行うべき基礎が築かれた。

その目的とするところは、以下のようなものである。

(1)プロレタリアートの利益におけるエスペラントの宣伝、研究、実用、

(2)日本プロ・エス運動の拡大強化、
(3)国際的プロ・エス運動への積極的参加
(4)エスペラント理論及び技術の確立、
(5)反動教育強化に対する闘争

この全国的結成が成るや、大阪、京都、神戸、岡山、函館、仙台などには、続々その支部確立の準備活動がもたれ、『プロ・エス講座』の普及と相俟って、次第に強力なプロレタリア文化運動の一翼としての活動が築かれた。なお本同盟は三月より、機関誌"Proleta Esperantisto"を発行し、運動の組織化に努めている」

一九三一年（昭和六年）満州事変が発生し、中国東北部の占領を目指した日本軍に対して国際的非難が集中した。一九三三年、日本は国際連盟から脱退し、国際的に孤立することになったが、一方国内的では、「非常時」が叫ばれ、言論統制が一層強まった。

エスペラント文学と秀一

秀一の日記に、ロシア語講習会参加の記述が出て来るのは、一九二九年（昭和四年）七月一五日のことである。

七月一五日（月）晴　とうとうロシア語講習会の会員になることにした。五円奮発したのはいいが、とうとう三〇円の借金が出来た。

七月一六日（火）晴　ロシア語は蔵原氏の番だ。新聞に載る彼の批評は中々素晴らしい意気を持っているから、どんな人かと思ったら、まだ三〇にもならないらしい。ちっちゃいことで、とかく黒板の方ばかり向いて、書かなくてもよいのを、書きながら教える人だった。

七月二七日（土）晴　ロシア語初級のクラス会あり。様々論じた後、自己紹介があったが、会員ほとんど全てマルクス主義者らしいことを言っていた。僕は正直のところを言っても何もわからないから皆さんの教えを乞う、と言っておいた。

八月一八日（日）晴　ヘロルドが来た。一時から青年館で国際文化の公開講演会と友の会発会式があった。……講演では、蔵原氏の最近のロシア文学についての話が主であった。講演が終わってから一時休んで、七時頃からロシア語研究会の相談会があった。

九月一五日（日）晴　友の会「しまさい」の文化講演会を聞きに行く。僕が着いた頃は六時半だった。警官の物々しい警戒ぶりには驚いた。すぐ山田氏がプロレタリア文学史を始めた。次いで秋田（雨雀）氏のソヴェート友の会の思い出について話あり。これは話終わろうとする頃中止を食らった。次いで劇の朗読は五人で読むつもりだったそうだが、文句を食らって一人で読む。その他林氏村山（知義）氏など多く出るはずであったが、本人の都合や警察の干渉などの理由で、詩の朗読をもって終わった。

筆者には、友の会「しまさい」が、果たしてどのような組織だったのかは不明である。

この頃の秀一は、エスペラント語、ロシア語、フランス語、ドイツ語などの外国語の学習に熱心に取り組んでいた。そんな中で秀一が「卒業論文」に関して記載したのは、一九三〇年（昭和五年）一月五日のことである。

一九三〇年一月五日（日）くもり　これは夕べ床の中で考えたことだが、卒業論文を「近世日本口語文発達論」としようと思う。これとカナ文字と関係は、ちょうどストライキと江戸時代の百姓一揆（「蜂起」の如き）との関係に似ていて、カナ文字との立場からも、かなり意義のあることと思われる。

一九三一年（昭和六年）の正月を迎えた。この年の三月には秀一は駒澤大学東洋文学科を卒業することになっていた。しかしこの年の元日の秀一の日記を見ても大学の最終学年にあたるという緊張感は全くない。まだまだ学生生活を存分に楽しみたいと思っていたようである。

一月一日　木曜　曇り、雪　朝、待ちに待った金が来た。昼から年賀状が五枚、田中館（愛橘）、小山（敬一）、山口（秀隆）、中山（龍馬）、野村（大豊）の方々からである。……昼から雪が降り出して、この日記を書いている五時過ぎになってもまだやまない。

当時の学生は、現在のように大学三、四年生の時点で早くも就職の内定を得ているようなことはなかった。とはいうものの三月末の卒業を目前にして、秀一としても卒業後のことを真剣に考え始めた。

一月一一日　日曜　晴　はなはだ寒し　今日山田さんを訪ね様と思ったら、向うの方から寮へ来たので、その必要がなかった。就職のことを頼んでみたら、骨を折ってやろうとの話であった。これで少しは安心したが、まだまだ気を許してはならないだろう。

一月一二日　月曜　晴　父へと鬼頭（礼蔵）氏へ手紙を出す。父へは就職について書いた。

一月一四日付日記には、「駒澤文学のために『エスペラント文学の展望』を書こうと思って……の中から一生懸命材料を集める。夜になって書きかけたが紙がなくなったので七枚だけ書いて、残りは明日書くことにする」と記されている。

秀一が『駒澤文学』のために書いた評論は、この年の二月二五日発行の『駒澤文学』第一一巻一四～二一頁に、「エスペラント原作文学の展望」と題して掲載された。卒業式の一か月前に学術論文を出版したことは、秀一の優れた学術力を示している。

『駒澤文学』の合評会
（前列左から3人目が秀一）
（『魂の道標へ』より）

「エスペラント文学とは、国際補助語エスペラントで書かれた文学である。エスペラントは一八八八年ポーランドの Lazaro Ludoviko Zamenhof（1859-1917）に依って発案され、現に世界各国に於て使用されつつある言語である。エスペラント文学は他の言語で書かれた文学と同様に、翻訳文学と原作文学とに二大別することが出来る。私がここで紹介しようとするのはその中で原作文学の方である。

私のエスペラント文学についての知識はもとより貧弱である。従って曖昧や誤りがないことを保証し難いが、これに依って読者の中で一人でも二人でもエスペラントないしはエスペラント文学に注意を向ける人が出れば、私はそれで満足する。

国際補助語エスペラントで書かれた本は大体五万種！あると云われ、その中文学物が大勢を占めているから、それらを一々紹介することは到底できない。ここでは、エスペラント文学の中の原作物の、更に限られた少数の傑作についてのみ述べる結果となる。

エスペラント文学の誕生は、エスペラント誕生と同時であった。即ちこの言葉の発案者ザメンホフは、若き彼の煩えと危惧と焦慮とを、『我が思い』『おゝ、我がこころ』等の詩に依って、生き生きと歌い出した。彼を助けてエスペラント宣伝にひたすら突き進んだ初期のエスペランチスト達は常に、彼らの相言葉である愛と希望とを歌い、又春、朝、総て朗らかなもの、明きものを歌った。初期エスペラント文学は大部分詩であり、しかもそれらの大抵ザメンホフが称えた人類愛（homaranisumo）を背景とする熱情に依って貫かれていた」

続いて秀一は、エスペラント文学の現在的課題について展望している。

「大戦後のエス（エスペラント）文学は初期のエス文学のように、ひたすら希望を歌い、『緑の星』を称えるだけでは満足できなくなった。そこで必然的により深く人生を見つめ、よりデリケートな感覚を以て自然を感ずるようになった。こういう傾向が、ハンガリヤの **Julio Baghy** 及び **Koromono de Kalosay** 博士のものにみられる」

最後に秀一は、日本のエスペラント文学についても言及した。

「日本の文学でも本当に世界に知ってもらおうと望むならば、第一にあの小難しい漢字カナを断然よして、世界的ローマ字で書くこと、更に第二には傑作をエスペラントで翻訳すること、第三に進んで原作文学を発表することが必要である。

日本のエスペラント文学はまだまだ翻訳時代を抜け切れないらしく、原作文学としては時々雑誌に発表される短編以外は二百三百頁のまとまったものは残念ながら見られない。エスペラント原作文学の創作家の中に日本人の名が全然見られないのは我々として誠に寂しいことである。仕方がないからエスペラントに翻訳されて、世界的に紹介された日本文学の名を挙げることにしよう。

菊地寛『父帰る』、山本省三『嬰児殺し』、秋田雨雀『骸骨の舞跳』、志賀直哉『范の犯罪』、江戸川乱歩『一枚の切符』、倉田百三『出家と其弟子』、夏目漱石『倫敦塔』、金子洋文『洗濯屋と詩人』、藤井直澄『新魔王』、中田信子『悪夢』、藤沢古雪『グラシャ』、岡本綺堂『修禅寺物語』、有島武郎『宣言』、『万葉集』の一部、『方丈記』がこれである。

一方エスペラントから日本語へ訳されたものとしては、オルジェシュコ『寡婦マルタ』(改造文庫)、シェロシェヴィスキ『悲惨のどん底』。

この二つは、原語はポーランドであるが、エス訳に依って和訳したもので、この外にも注訳付きの対訳のものが相当ある。『マルタ』は江森成吉氏が、五六十年も前のポーランドの一婦人がよくこれだけのものを書いたと云って感心されたと聞いている。また映画に翻案して『この母を見よ！』と題して紹介されたから、日本の大衆にも相当知られている筈である。これで頗る粗雑な私の紹介を終る。(一九三一・一・一六)」

今日、これだけの文章を書ける学生はまずいないだろう。それだけに上記の秀一の論文は、彼の知的水準の高さを示すものである。

日記に戻ると、二月九日付には、「駒澤大学教務部の職員の山田という人から、秀一の卒業論文が教授の間でだいぶ問題となっていることを聞いた」との記述がある。それから一週間後の二月一六日付日記に、秀一は次のように記述した。

二月一六日　月曜　曇り　国語学の試験がある。教務に寄ったら、山田さんが帰りに寮へ寄るとの事。その寄っての話に、僕の論文は今度ローマ字論を書いたからいけないのだそうだ。その事を今日金沢さん（教授）が学監へ話していたというから、早速金沢さんを訪ねたら、ひどく怒られた。一体何がいけないのか、てんで分らない。論文のいけない理由はR―（ローマ字）論とエスペラントにあるのだろう。日本ローマ字協会へ行く。鬼頭（礼蔵）氏と田丸先生を訪ねたら留守。今日は全く僕の厄日だった。

秀一が、ローマ字論、およびエスペラント語と年号に西暦を用いた点が問題にされたようだった。教授たちは「皇紀」で年号を表示すべきだと主張した。もちろん今日では、「皇紀」の使用は学問上否定されている。ちなみに昭和一五年（一九四〇年）は「皇紀二六〇〇年」にあたる。

二月一七日　火曜　曇り　一二時前に鬼頭氏と帝大の正門で落ち合う約束をしたので、一〇時半ごろに出かけて行く。田丸先生の研究室を訪ねたら、もう先生はいない。残念ながら今日の目当てはおじゃん。鬼頭氏がコーヒーをおごってくれる。新聞社があったり、図書館があったりするので、帝大はいいなあと思った。

論文の件で学監に行ったら、彼がはなはだ狡猾に構えて来るので、まったく呆れてしまう。どうも論文にケチをつけたのは、山上と学監とがグルになってやったものらしい。ローマ字論を貰ってきて、二時までかかって大部分の書き換えを終えた。

二月一八日　水曜　曇り　やっぱり寒い。粉雪さえ降り出す始末。国語問題がある。大抵できたつもり。こんな具合だと試験も楽なものだが……。

山上に会いに駒澤女学校へ行く。玄関で待っていたら出て来たから、ちょっとお話ししたいと言ったら、「授業だ」と言って、「午後に来い」とまるで厄介者扱いだ。そしてその時間の授業が終わるまで、一時間待たねばならなかった。来てから言ったら、学監も金沢さんもそう言うなら、書き換えた方が良いだろうと、まるで自分に関係がないような返事だ。事実は、書き換えを唱えた張本人でありながら、まったく癪に触ってしまった。いつかお礼をする折だって来るだろう。夜は例の書き換えのために費やしてしまった。また夜そばを食べたくなって、二時少し前に出かけて行く。

一時は「お礼を……」と記すほど感情的になった秀一だったが、頭を冷やして考えた結果、卒論の一部を削除して書き換えることにした。

秀一の卒業論文

それから一週間後の三月二三日になって、秀一は卒論が無事通過したことを知って安堵する。以下は秀一の卒業論文の抜粋である。なおこの秀一の卒論は、渡部泰山氏や別府良孝師のご尽力によって、駒澤大学図書館に保管されていた写しを入手することが出来た。

片仮字の起こり、歴史及びその将来

目録

第一章　名前

この章では文字に関したことばの由来を述べる。現在我が国に於て用いられている文字は漢字、カナ及びローマ字である。カナにはヒラガナとカタカナとがあり、昔はその外に万葉ガナと変体ガナとが行われた。

「文字」は漢語から来たものと考えられる。……「文字」は国語ではモジともモンジとも云う。文の音は無文切であるからムンとなる筈だが、ムンが変わってモンになったのであろう。朝鮮の字音は一般に古い支那語を伝えているが、文の音は*である。文の古語がムンであった一つの証拠である。従ってモンジとモジを比べるに、モンジの方が古い形であって、モジはモンジのンが略されて出来たことばである。

落合直澄氏は、「日本古代文字考」に於いてもモジは支那の字音から来たのではなく、純粋にやまとことばなる旨を述べている。

「漢字」は我が国で作った漢語で、支那の文字と云うほどの意味である。漢土・漢籍・漢学・漢詩・漢文等の漢と漢字の漢は同じである。

漢はもと支那の王朝の名で、これは紀元前二〇六年から紀元前八年まで続き、漢人種の勢力が最も発展した時代で、統治の間も甚だ久しかったから、遂に支那の別名となったのである。それで漢字と云うのも特に漢の王朝のあった時代の文字の言葉ではなく、ただ支那の文字の意味であることが分かる。

私の考える所では、漢は漢の王室の先祖がもといた土地の名で、その又もとは河の名であろうと思うけれども、もとより確かな拠り所を持っているわけではないから断言することは出来ない。

漢字は又マナと云う。マは真でナは字である。名を字の意味に用いた最初の文献は、「周礼」であろう。（中略）

私が考えるに国語で文字をナと称するのは、この名と云う漢語の直訳である。コトノハ又はコトバ、アヲヒトグサ、カシハデは今でこそ普通のことばになっているけれども、もと漢語の言葉、蒼生、拍手の直訳である。字をナと云うのも即ちこの類である。

漢字をマナと云うのは、カナを仮の文字とするのに対して、漢字を仮でない、真の文字だと云う意味で、今漢字を「本字」と称するのも同じ心である。

「カナ」には種々の説があって、(1)、仮の文字の意味、(2)、サンスクリットのカラナ(文字)から来た、(3)、神の文字の意味、の別がある。

この中(3)は、カナを特に神秘めかせる為の説で、確かな拠り所があるとは思われない。カナを仮の文字と解するのは、確かに正しい見方で、賛成者の多いのもこの説である。昔は今以上に漢字を尊んで、漢字を文字の本体とし、これに対してカナを仮の文字と考えたのである。

続いて秀一は、「カナ」の語源の他にも、「万葉ガナ」、「変体ガナ」、「ヒラガナ」、「カタカナ」についてその謂《いわ》れを考察し、「ローマ字」についての語源についても言及している。

ローマ字は従来の説では、エジプト古代の象形文字がフェイキヤへ輸入されて音表文字となり、ギリシャを経てローマに伝わり、現在のローマ字と大体同じ形に完成されたものを云う。Waddelの"Arian Origin of the Alphabet"は、ローマ字はスメル(sumer)文字から来たことを様々証拠を挙げて論じているが、いずれにしてもローマ字が現在見るような優れた文字に完成されたのは、ローマ人の功績が最も多い。

なお中世まではローマ国家としての勢いが盛んであったため、文字そのものの優れていることと相俟って、ヨーロッパ中に広まった。これがアルファベットにローマ字がある所以である。ローマ字は「ラテン文字」とも「アルファベット」とも云われる。ラテン文字ともいうのは、ローマの一名をラテンと云うからである。アルファベットというのは、ギリシャ文字の名前アルファとベータとを以て名付けたので、我が国でヒラガナを「いろは」と云うのと全く同じ行き方である。

文字はこれに依って意思を伝えようとする人の側から云えば「かく」のである。意思を受け入れようとする人の側から云えば「よむ」のである。(中略)

第二章　カナの作られた理由及びその歴史的起源

第一節　カナの作られた理由

表意文字たる漢字から音表文字たるカナが出来たのは、文字発達の原則に従うものではあるけれども、直接主なる原因は次の二つである。

(1)、漢字の音を記憶の為に書きつける必要。(2)、日本語の音声の性質。

カタカナの語源が、傍の仮字であることでも分かる通り、カタカナは勿論他のカナでも元来は日本語を表わす為に作ったものではなくて、漢字の音を簡単に表わして記憶に便ならしめる為に出来たものと考える。

朝鮮のオンムンも正しくは訓民正音と云って、民に正しい漢字音を教える為に、カナの出来たのと全然同じ目的のために作られたのである。

文字の発達は、形の上からと中味の方面からと観察することが出来、而も中味の方面がより根本的なものであるが、これは次の章に譲って、ここでは形の方だけを述べる。

形の方の発達というのは正しい、複雑な文字から簡単な略字が出来ることである。

略字は必ずしも日本人の発明にかかるものではなく、支那にも朝鮮にも、いやしくも漢字の使われている所ならどこにもある。なぜならば漢字それ自身略字を必要とする性質を内に持っているからである。即ち、漢字は音を基礎として成り立つ文字ではなくて、表現せんとする対象をすべて別々に異なった文字で表わすのが本体であり、たとえ諧声や仮借があっても、それは頗る不規則な、まに合わせなものであるから、勢い漢字の数は人間の記憶力を超越した数となり、『康熙字典』に、四七、二一六字あり、而もこれが全部の漢字をふくんではいないし、この字引が出来た後に出来た漢字もあるので、その総数は八万に近いとラツクベリー氏は云っているそうである。（川上嘉市氏『国事問題並びに其帰趨』一一頁）

これら多数の文字がすべて一分四角か二分四角位の狭い範囲に一字づつ収まらなければならない。しかも文字の組み立てに何等の徹底した法則がない。従って画の複雑な文字が出来て、一画一画を略さずに丁寧に書くに堪えなくなる。

そこで人々の考え出した方法、むしろ無意識の中に行った方法は略字と草書を用いる事であった。広義の略字は草書を含む。略字は形が草書に近づく。草書はヒラガナ及び変体ガナに近い。中にはそれぞれの間に区別が認めにくい場合さえある。（以下省略）

第5章　特高が捏造した斎藤秀一事件

斎藤秀一事件の背景

一九八〇年八月、山形県国民教育研究所の会報に須貝和輔氏の「所内資料・谷間に輝く星―斎藤秀一」が掲載された。本章の記述は、この論考がベースになっている。なおこの資料は、㈲良書センター鶴岡書店佐藤一雄氏からご提供いただいた。

山形県国民教育研究所の設立趣旨は、「北方地帯の教育現実の上に立ち、国民の、国民による、国民のための国民教育をうち立てるために、広く学者・文化人・教師・父母の協力の下に、民主的な諸団体と手を結び、今日的な教育研究のセンターとして、研究を組織し、研究調査を行う」であり、山形県下の教師の良心を糾合した研究所であった。

一九七九年（昭和五四年）の暮れも押し詰まった一二月二九日のこと、山形市内のパークホテルに、斎藤秀一の研究者が一堂に会して、座談会が開かれた。

出席者は、三春伊佐夫（当時山形県立図書館館長）、佐藤治助（『ほくぼく』同人、元大山中学教諭、『吹雪く野づらに―エスペランティスト斎藤秀一の生涯―』の著者）、渡部泰山（『雪国の春』同人、

当時荒砥高校教諭、現東北芸術工科大学教授)、長岡二郎(エスペラント研究家、元大谷小学校教諭)、真壁仁(詩人、県民研究所長)、田中新治(県民研教育研究担当所員)、松田国男(県民研庄内地域担当所員)、須貝和輔(県民研事務局、研究委員)で、司会は石島庸男(県民研教育史担当所員)が務めた。

まず司会の石島庸男が、配布資料である真壁仁「民衆言論史の欠落」抜刷、田中新治編「斎藤秀一年譜」と「子供の全国誌」、三春伊佐夫編「斎藤秀一著作目録」抜刷、大島・宮本共著『反体制エスペラント運動史』抜刷、佐藤治助「断片的資料─人間斎藤秀一について」を中心にして研究会を行いたい旨を話し、「それぞれの秀一との関わり合いを中心に自己紹介されたい」と述べて口火を切った。

石島に促されて最初に発言したのは真壁仁だった。真壁は、秀一事件の真相について詳しく語った。

「斎藤秀一の全生涯、特に人間像というのは掴みきっていないのが実態です。……秀一が、最後に検挙されたのは、昭和一四年のはずです。昭和一五年二月に、私も村山俊太郎《むらやましたろう》と同じ日に挙げられ、四〇日ぐらいの短い間ですが取り調べを受けました。

私の担当特高は砂田周蔵《すなだしゅうぞう》で、彼は既に斎藤秀一の取り調べを終えていましたし、秀一は秋田刑務所に服役していたわけです。私を調べている時に砂田が秀一の取り調べの状況を、ポツリポツリ語るのです。それで斎藤秀一を砂田から教えられました。

砂田の取り調べ方は、職務権限外にわたり、文学や言語学の分野に立ち入っていました。僕の独房に来て、『真壁君、今日も議論を始めっぺゃー』と、二階の取調室に連れ出し、全く調書とは無関係の論を吹っ掛けるのです。

砂田の話から、生活綴方教育の村山俊太郎と言語運動の秀一がどう関わっているかを追及していることが伺えました」

真壁の言う「生活綴方教育」とは、一九一〇年代以降、わが国に現れた、子供の生活全体の指導を目的とする教育方法や、あるいはその教育課程で生まれる子供の文章表現の創造性を育もうとする教育のことであった。

この「生活綴方教育」について解説すれば、これは二つの部分から成っており、まず子供たちに自分の生活に取材した文章を自分の言葉で書かせる。そのための取材、構想、記述、推敲の各過程において、教師は指導を行うというものである。

子供に生活綴方を書かせていく。指導の深まりの違いに応じて、「過去形表現」、「現在形表現」、「総合的表現」、「概括的表現」などと呼ばれている子供特有の文型が、段階をおって現われ、これに固有の指導方法が必要になる。これが「形体」ごとの指導と云われるものであり、こうした「生活綴方教育」を通して、子供の認識と感性は発達し、生活を表現する力になりうると考えられた。

「生活綴方教育」は、農村の疲弊が進む中で、東北地方では秋田の青年教師たちを中心に進められていった。一九三〇年に『北方教育』が創刊された。こうして社会科学的な観点から、生活を把握する眼を、「綴方」を通して育てようとする北方性教育運動が展開されることになった。しかしながら戦時体制の強化と共に、この「生活綴方教育」は弾圧の対象となった。

元の座談会に戻ろう。真壁は、いよいよ秀一逮捕の核心部分、すなわち秀一の言語研究がなぜ特高の取り調べの対象になったのかについても述べた。

「『生活綴方運動』弾圧で村山を検挙したように一般には受け取られますが、（砂田周蔵や特高は）秀一のやった世界単一語を目指す言語運動は、日本語を無くし国体を抹殺するものだと捉え、村山らとの接点を探ろうとするのが狙いであったと思います。砂田の話によると、村山俊太郎の裁判で、裁判長が言語学を全然知らないので、『とても尋問が出来ない状況だ』と言っています。

斎藤秀一を検挙する半年前から、砂田は言語学、特に左翼の言語学とは何かについて勉強し、自分で調べ上げる確信をつけてから、山形県警から全国に手配をしたと話しています。

早稲田の先生でエスペラント研究をしていた人も山形に連れて来られた、と言っていましたから、言語運動弾圧は、山形が中心であったようです。その洗い出しとしての村山俊太郎裁判も言語学裁判で、裁判長では尋問できず、特高である砂田が陪席し、異例の尋問に当たったということです」

司会の石島から、秀一の言語運動の意味について説明を求められた真壁は、さらに述べた。

「僕が捕まって特高から調べられながら感得したことを土台に幾つか思いつくままに申しますと、まず日本語の横書き運動から始まるようです。段階的にいえば、次に発音式の仮名づかいの採用、漢字の制限などでしょうか……。当時の文部省も、難しい漢字を使わないという方針で国定教科書指導していましたから、僕と一緒に取り調べを受けた菁野高堂君などは、『もっぱら文部省の教育方針で教育してきた』の一点張りで通したようです。

特高のいいがかりは、『日本語の左書きはローマ字教育の過程であって、ローマ字はエスペラントにつながり、世界単一語運動となる。それはコミンテルンを中心とする国際共産主義運動の一環なのだ』というこじつけなのです。世界単一語運動は、最も進んだ恐るべき革命の思想で、政治運動から見れば、文化的で緩慢な手段と巧妙な方法のようだが、国語を無くして教育勅語を読めなくさせ、国体観念を自ら消滅させることを目指しているのだという理由を、砂田は組み立てていたのですね。そしてその焦点を斎藤秀一において、エスペラント運動の主要なメンバーを全国に手配し、エスペランティスト弾圧の中心に山形県特高があったわけです。早稲田ローマ字会の先生たちも山形に連れて来られた。

前にも述べたように、砂田は半年も言語学やエスペラント関係の勉強をし、組織を調査してから弾圧に着手して有罪に持ち込んで行ったのです。エピソードとしては、秀一が寒河江の留置所に落書きをした。ところが巡査はローマ字も英語でもないので読めない。そこで特高の砂田が駆けつけて読んだ。そこにはエスペラントで『非転向』と書いてあったという話があります。砂田は、秀一と村山俊太郎の関係を追及したようですが、村山は拒否し通したんですね。事実は今もってわかりません。

『村山俊太郎著作集』が完成し、東京で出版記念会をやった時、黒滝成至に村山俊太郎が、エスペラントに関係していたかどうかを聞いたら、断定的に『関係ない』と言っていましたね」

最後に真壁は、秀一の言語研究の意義について、次のように解説している。

「秀一の言語に対するアプローチは、生まれた土地の言葉、方言を最初に獲得するものとして大事にとらえ、次第に共同生活の拡大の中で、より社会的に理解しあえるための共通語の発展が生じ、資本主義社会では階級的な言語支配も起生して来ると押さえていたように思います。秀一の主宰した『文字と言語』ですが、字と言葉を分けて考察し、かつ統一して行くやり方は意味深いものがあります。……秀一はローマ字指導をしながらも、まず手掛けた研究は方言研究です。……秀一の方言研究の姿勢には、民族あるいは人間の生活表現の原型としての言葉―生活と言語とを結び付けて考えると言ったものが感じられるんです。僕は方言と呼ばないで、民衆語あるいは地域言葉と言っていますが、村言葉を『なまり』と一緒にして方言ということで括って切り捨てる考え方には同調できないのです。

　原初的発達や認識の初歩的段階で獲得される地域言葉を大切にし、そこから出発しての社会的言語、標準語といったものはどうあるべきか、それぞれの地域言葉の共通性の探求という方向があってしかるべきだと思います。

　言語や文字を特権階級や中央地域からの下放ではなく、漢字を制限し、ローマ字化を図り、言葉の民主化、言語学の民衆化を推し進めるという秀一の仕事の階級的意味を、僕は評価したいです。……それを特高は、日本語を抹消する運動だとして国際共産主義運動に結び付けて弾圧したわけです。コミンテルンの指導方針として世界単一語を指向する言語政策や言語理論があったかどうか、僕も調べたことがありますが、そうした事実はないんですね。むしろソ連は民族語と国語とを双方大事にするという方針を革命当時から採用していて、少数民族語だって抹消することはしていません。……民族語は多民族の間では理解しにくいから共通語と民族語の二本立てで、表現を豊かにして行くことが大切だとソ連ではやってきた。それに比べて特高が、日本語抹消論を言語運動に結びつけたのは、弾圧の手段であったと同時に日本語を子供たちが読めなくなる事は、教育勅語が死ぬことだという恐れも感じていたということですね。つまり地域言葉と共通語を二本立する言語観を、日本の支配者は持つことが出来なかった。むしろ矛盾するものとして捉え、抹消しようとした。その延長に国際語もあって、エスペラントは日本語を無くし、世界単一語で統一してしまうんだと考え、言語運動を潰そうとした、と考えられます。砂田周蔵は、村山にも秀一にも、そういう前提で取り調べたようです」

警察側から見た斎藤秀一事件

それでは、警察側は斎藤秀一事件をどのように捉えていたのだろうか。

山形県警察本部編で昭和四二年に刊行された『山形県警察史』には、次のように記述されている。

「県内における左翼運動としては、昭和七年（一九三二年）九月、東田川郡大泉小学校の教員で、エスペラント研究者の斎藤秀一が中心となり、村の青年団員六〇余名で『ローマ字研究会』を組織し、機関紙『ローマ字機関車』を発行して、左翼運動を行っていたのを鶴岡警察署で検挙した事件があった。

なお斎藤秀一については、昭和一三年一一月一二日県特高課で、人民戦線運動の一環とした治安維持法違反として再検挙した。……左翼運動については、昭和七年（一九三二年）三月一日、山形市を中心とした赤化教員の一斉検挙後しばらくその後絶っていたが、同九年鶴岡署は、管下東田川郡大泉村（現朝日村）小学校八久和《やくわ》分校（分教場）と荒沢分校（分教場）の教員が、左翼運動を行っている事実を探知し、これを検挙した。

事件が事件だけに、時の鶴岡警察署長警部吉村万五郎は取扱いに慎重を期し、県特高課大井健太郎警部補の応援を求め、極秘裡に協議の上、同年九月一四日に、東田川郡大泉村小学校八久和分校（分教場）准訓導心得斎藤秀一（二六歳）、同郡同村小学校荒沢分校（分教場）塚田忠義（二七歳）、赤川水利組合大鳥山村事業区担当三浦鉄太郎の三名を検挙の上、厳重な取り調べを行った。

取り調べの結果、斎藤秀一が中心となり、同村男女青年団員六〇余名で『ローマ字研究会』を組織し、『ローマ字機関車』と題する同人雑誌を発行し、その他左翼文献を印刷配布するなどして、左翼運動を行っていた事実が判明した。一方、塚田と三浦の二名は、斎藤に協力を求められてこれを承諾し、会に入ってはいたが、まだ積極的活動を開始するまでには至らなかったので間もなく釈放した。

検挙の端緒となったのは、同年秋モスコーで開催されることになっていた演劇オリムピアードに、日本から派遣されるプロレタリア作家同盟の池田勇作（鶴岡市出身）後援のために、基金募集をしたが、これに斎藤秀一が鶴岡の文化倶楽部を通じて申し込んだことから発覚したのである。

右事件につき送検の結果、山形地方裁判所検事局において起訴猶予処分になった。行政処分については、県学務部で右二名の教員に対し、検挙に先立つ二日前、すなわち九月一二日教育者として適当でないことを理由に解職した。

その後斎藤秀一は、昭和一三年（一九三八年）一一月一二日県特高課から人民戦線運動（ファシズムの攻勢に対する左翼陣営の共同戦線をいう）の一環としての活動は、治安維持法違反であるとして検挙取り調べの上、送検の結果、昭和一四年四月二六日山形地方裁判所に起訴され、収監された。

判決の結果については明らかでないが、昭和一五年、秋田刑務所で服役中に肺結核にかかり出獄を許されたが、同年九月五日死亡した。享年三二であった」

また昭和一五年三月の司法研究報告第二八条九の第七項には、「山形地方に於けるプロレタリア言語運動」として、次のように記載されている。

「第一　斎藤秀一の言語運動の端緒　斎藤秀一は東京駒澤大学東洋文学科在学中よりマルクス主義に共鳴し、昭和六年三月、同校卒業後間もなく、山形県東田川郡大泉小学校に准訓導心得として勤務するや、上級児童及び地方青年等を会員として、『大泉ローマ字会』を結成し、ローマ字教育を通じて会員の左翼的啓蒙に努め、昭和七年一一月頃には、日本プロレタリア作家同盟山形支部準備会に加入し、其の組織部長兼教育調査部長として活動し、且同年一二月頃には、『赤旗』、『無産青年』等の左翼文書等を配布した為検挙され、山形地方裁判所検事局に於いて起訴猶予処分に付せられたが、なお共産主義思想を把持し、唯物史論の立場よりプロレタリア言語理論を深く研究してマルクス言語学に対する信念を強むるに至った。

第二　マルクス主義言語学の要領　言語は人間社会に於ける生産の必要から人間労働の一種として最初幼稚な言語として生まれ、次第に『方言』を形成せられ、数個の方言が合流して『民族語』となり、さらに発展してプロレタリア言語となり、エスペラントに融合して遂に世界単一言語を形成するに至るものであるが、斯かる言語の進歩発達は、他の文化と同じく社会の発展に伴って行われる。（中略）

第三　斎藤秀一を中心とする言語運動　斎藤は斯かる言語理論を実践に移す事が、進歩的知識分子の行うべき文化運動、当面の任務であると考え、コミンテルンを支持して、国語のローマ字化、並びにローマ字の国際化等、言語運動の分野に於いて、右マルクス主義言語学の建設と啓蒙に努め、共産主義の意識を普及浸透せしめることに依り、無産階級解放運動の一翼たる任務を実践せんとして、次の如き活動を為した。

（1）、機関誌『文字と言語』昭和九年九月創刊、昭和一三年五月迄、第一号乃至第一三号（毎号三五部乃至五〇部）発行、三〇数名の同人及び言語運動団体に配布した。

其の間に於いてコミンテルンの第七回大会に於ける所謂人民戦線運動方針の影響を受け、昭和一二年九月発行の第一二号に於いては、従来支配階級の代辞者として排斥してきた国字改良者、仮名文字論者等とも提携する為、統一戦を強調して『統一戦線特集』として発行したが、其の他毎号に亘り、（イ）、資本主義制度に於ける現制文字組織は、大衆を愚昧化する支配階級自己擁護の手段であったが、ローマ字化に依り、一般大衆の知識の獲得を図り、従来の強圧を跳ね返す闘争こそ被圧迫階級に課せられた歴史的使命である云々、（ロ）、言語を植民地、反植民地に押し付けることは言語帝国主義である云々、等の論説、翻訳、其の他の資料を執筆掲載した。

第四　プロエス運動との連絡　斎藤は予てエスペラントを修得して居たが、昭和九年頃からプロレタリア言語運動上自らエスペランティストとして活動することが、究極に於いて世界単一語をなす進歩性に合致するものと考へ、海外プロエス関係者を通じて、各国に於ける言語運動の状況を知り、之をマルクス言語学の建設に資し、併せて海外エスペラントの関心を深め、殊に支那との関係に於いてはプロ言語運動の実践としてのローマ字運動に関する日支間の共同戦線樹立を企図し（以下省略）」

事件を捏造した特高係・砂田周蔵

斎藤秀一事件は、担当警部の砂田周蔵を抜きにしては語れない。それはこの事件の本質が、特高係の砂田によって捏造され、デッチ上げられたものだからである。

斎藤秀一が日々付けていた日記を詳細に読んでみても、秀一がエスペラント運動やローマ字運動をすることによって国家転覆を謀った証拠となるものは、何ら発見することが出来ない。そもそもエスペラント語は、ザメンホフが国際補助語として考案したものであり、民族語を全く否定していないのである。

したがって国際語としてのエスペラント運動が、国際共産主義運動として機能したなどということは、取り調べにあたった砂田周蔵の捏造・作り話なのである。

秀一がプロレタリア文学に走ったのは、彼が特高によって検挙されてからである。当時の秀一の共産主義に対する態度は、一般学生や知識人の共産主義に対する興味と大して変わるものでなかった。それが特高に検挙されることによって、秀一は天皇制国家の矛盾と虚構に気付くことになったのである。

こうしてみると、特高による強引な逮捕が、秀一をしてプロレタリア文学に近づける契機となっている。自分の出世欲と権勢欲のために、讒言やデッチ上げなど、ありとあらゆる奸智を巡らした砂田という男は、現代の鳥居耀蔵、あるいは『レ・ミゼラブル』で主人公であるジャン・ヴァルジャンを追うジャヴェール警部なのである。

ジャヴェール警部と周蔵が違うのは、ジャヴェールが聖人と化したジャン・ヴァルジャンと対峙することで、彼自分自身が信奉してやまなかった法にも欠点があり、法が語っていることは必ずしもすべてではないことや、社会が完璧に出来ていないことを痛感させられ、完全に打ちのめされてしまったことから、最後はノートルダムの橋の欄干から投身自殺したのに対して、砂田周蔵の場合は、戦後のどさくさに紛れて生き抜き、ついには警察学校の教官にまで出世したことにある。

砂田周蔵については、高島真著『特高Sの時代―山形県社会運動史のプロフィール』に詳しい。

砂田周蔵は、明治四〇年二月八日、山形県河北町谷地で生まれた。斎藤秀一の一つ年上である。大正二年四月、周蔵は旧谷地尋常高等小学校に入学し、大正八年三月尋常科を卒業する。

大正一二年七月頃、それまで上京中だった砂田が谷地に帰って来た。砂田自身は、「上京中は作家の有島武郎の書生をしていたと語っていた」と話しているようであるが、「書生」なるものの実態が曖昧で、筆者は信憑性に乏しいと思っている。

昭和二年二月六日、周蔵は満二〇歳を迎えた。当時満二〇歳に達した青年には、徴兵の義務があった。山形連隊区管内における徴兵検査は、四月一六日から七月二九日までの間行われ、そこで周蔵は甲種合格となった。ところが周蔵の入営先は、地元の山形歩兵第三二連隊ではなく、満州公主嶺独立守備大隊だったのである。

周蔵が徴兵されていた昭和二、三年は、内地では不景気が深刻さを増していた。第一次世界大戦による戦時バブルの崩壊によって銀行が抱えた不良債権が金融システムの崩壊を招き、一時は収束するものの、その後の金本位制を目的とした緊縮的な金融政策をとったことによって、再び日本は深刻なデフレ不況に陥ることになった。

昭和四年、小津安二郎監督による映画『大学は出たけれど』が作られた。この映画では、大学卒業者の就職率が約三〇%という不況の底にあった昭和初期を舞台に、職に就けない就職希望者が奔走するさまがコメディタッチで描かれている。

さて周蔵は除隊の昭和五年六月、山形県警察に職を得た。小学校の高等科卒業で社会に出た周蔵としては、学歴よりも実力を評価してくれそうな職業として警察官を選択したようである。

山形県内の争議は、昭和三年に九二件発生し、昭和四年には一三九件、五年には二倍近い二六二件と急増した。こうした小作争議や農民運動に対して、警察当局は警戒態勢を厳しくした。

昭和四年一一月二六日付山形新聞は、山形県特高の新しい左翼運動取締りの方針を、次のように伝えている。

(1)本県の左翼運動は、もっぱら農民に限られているが、各種の集会ならびに協議会において主義の宣伝が行われ、争議やその他の闘争を通じて、実際に共産主義系の運動が行われているので特に注意すること。
(2)農民運動の集会および闘争場裡におけるアジテートの結果、漸次農民を勇敢ならしめ傾向があることに鑑み、いかなる場合もた大衆運動を禁ずることが肝要である。したがってメーデーの如きは、なるべくこれを行わせない。演奏会などももっぱら屋内に限り許可して、場内の模様を洩れることなく視察すること。
(3)中央諸団体から送付される印刷物は、すべて郵便局並びに鉄道方面と連絡を取って、一応取り調べを行い、不穏と認められるものは押収し、その他については受信者につき厳重警戒を行うこと。
(4)学生および一般青年にして、主義に関する出版物を購読する者の思想行動は、細大漏らさず厳重視察遂げ、各署管内の情勢を一目瞭然たらしめる方法とること。特にこれらの者にして、無産団体と往来する時は、これにつき厳重行動して査察すること勿論であること。
(5)小作争議、その他の事件を惹起すべき問題は、常に探査視察を行って、未然の防止策を講ずる一方、やむをえざる争議については、右翼的な運動に転化せしめ、いやしくも共産主義運動者の介在するようなことのなからしむる方法を採ること。

このように山形県特高は、小作争議や農民運動の裏には必ず共産主義の動きがあることを強調し、抑止策をとることを鮮明にしていた。

こうした特高の方針は、当時の深刻な社会情勢からくる不穏な事態の発生を懸念する官憲側の過剰反応を物語るものであった。

昭和五年五月二六日に行われた山形県巡査採用試験では、厳しい就職難を背景に、二〇名の採用予定者に対して一八七名が学科試験に挑んだ。応募率は九倍だった。学科試験では五三名が合格し、六月五日の口述試験に臨んだ。その結果、六月一〇日二四名の合格者が発表された。その中に砂田周蔵の名前もあった。

合格した周蔵ら二四名は、山形県警察教習所第一二五期生として、六月一四日から六カ月間研修を受けることになった。昭和五年暮の一二月卒業し同期生三名と共に鶴岡署に配属された周蔵は、昭和七年九月に斎藤秀一事件を担当した。

第6章　郷里山形の小学校教師に

大学卒業後の進路に迷う秀一

この時から一年半ほど遡る。

一九三一年（昭和六年）三月には、秀一は駒澤大学を卒業することになっており、卒業後の進路について具体的に決めなければならないぎりぎりの時期に来ていた。

昭和六年一月九日付の秀一の日記には、次のように記されている。

一月九日（金）　雨　ところで俺は何を研究するのか？　俺は事務的な人間ではないらしい。むしろ研究のために力を尽くした方が、本当に俺の力を表わす所以らしい。

一月三〇日、秀一の許に、父秀苗から、寺の窮状からして就職することを訴える切々たる手紙が届く。

一月三〇日（金）　晴　父から手紙が来た。例の通り、暮らしが苦しいこと、就職運動のうまくゆかないことを書いてきた。これですっかり憂鬱になってしまう。育英会から来るはずの金はまだ来ない。全くやり切れやしない。

二月二一日　晴　（日本ローマ字会）本部へ行く。中村さんも来る。鬼頭さんに勧められて、田中館先生の家へ行く。夕飯をごっそう（御馳走）になる。いろんな話が出たが、格別まとまった話がある模様でもない。来た人々は、田丸先生、福永さん、もう一人知らない人など。田丸先生に就職を頼んだが、心当たりはないらしかった。帰って来た一一時。

ここに出て来る「田中館先生」とは、田中館愛橘《たなかだてあいきつ》のことである。一八五六年（安政三年）生まれの田中館は、当時は貴族院議員であった。岩手県二戸市の南部藩士の家に生まれ、東京大学理学部で学んだ有数の日本の地球物理学者で、東京帝国大学教授に就任し帝国学士院会員だった。後に昭和一九年に文化勲章を受賞している。

田中館は有名なローマ字論者で、一八八五年（明治一八年）英語の発音に準拠したヘボン式ローマ字の表記法を改めて五十音図に基づいた日本式ローマ字を考案し、帝国大学の弟子で物理学者の田丸卓郎らとともに、ローマ字の普及に努めた。貴族院ではローマ字国字論の演説を行うことでも有名で、メモなどはもとより漢詩などもローマ字で作るという徹底ぶりだった。

二月二五日付には、卒業を目前にした秀一が、出来れば東京においてローマ字運動など、これまで活動してきた社会の中で職を得たいとの希望していたものの、いまだにその見通しがまったく立たないが故に暗然としている様子が記載されている。

二月二五日(水)　晴　僕自身の就職運動はどんな方角に向けて行ったら良いか、ほとんど見当さえつかない。

二月二八日(土)　曇り　まったく行き先に目当てがないとなると、やっぱりイライラした気持になる。


そんな折、秀一の許に再び父の秀苗から、山形市まで出かけて息子の就職先を探したことを伝える手紙が届いた。秀一にも、地元で就職して貰いたいと願う親心がひしひしと伝わってきた。


三月四日(水)　雨　父から手紙が来る。(手紙の)裏「山形にて」とあるから、おかしいと思ったら、僕の就職運動をしに山形へ出張したんだそうで、それでもうまい所がないと云う。……父からの手紙は、また心配の種を一つ増やした。父が僕より就職に熱心なのは知っていたが、山形まで行くほどの熱心さとは知らなかった。職が決まるのは嬉しいとして、それが代用教員だったりしたらがっかりする。

三月八日(日)　晴　今日の新聞の広告に、ちょっとよさそうな所があったから、一時頃から出かける。所は(銀座)通り三丁目。ぐるぐる何度も回ってからやっと見つけた所は、間に合わせの廉札を紙に書いて貼った所だ。新聞社というから少なくても社員の二、三人もいて印刷機ぐらいある所かと思っていたら、たった一人男がいるきり、しかも昨日あたり出張ってきたという様子で、家具類も少ない。仕事は外交だという。とても駄目だと思ったから、「考えてみます」と言って帰って来る。神田まで歩く。東京堂（神田駿河台下にある書店）へ行ったり、エスペラントの雑誌が欲しくなって、一〇銭奮発する。

三月一〇日(火)　晴　……父から手紙が来る。早く小学教員の免状を取れなどと書いてある。父の肚では、中学教員や小学校の教員の口がなければ、代用教員でも仕方ないから、やれというのだ。が僕は代用教員になるくらいなら、他に何かしらあるだろうと思うのだ。田丸さんが「笠森さんに会ったら」と言っておったというので、鬼頭さんと一緒に田丸さんの家へ行ったら、まだ帰ってこない。間もなく奥さんが、本部へ紹介の名刺を持ってきて下さった。

三月一一日(水)　晴　昼飯を食べてから、笠森さんを海上ビルに訪ねる。折よくいた。随分親切なので驚いた。一時間ぐらい、あれやこれや話しながら考えておられたが、ひとまず知り合いに引き合わせておこうということで別れてきた。さらに金沢さんを訪ねたら、玄関先で「注意しておこう」ということで、あっさり片付けられてしまった。

三月一二日(木)　晴　……履歴書を書く。父の書いたのを下敷きにして書いたら、少しはよく出来たようだ。……近頃どうも自分の気持ちを、すっかり打ち込んで読めるような読み物がないのでつまらない。菊地寛の『屋上の狂人』を出して読んでみる。こういう半分クラシックになったものには、やはり面白いものがあるようだ。

妹静子の死

卒業後の見通しのつかない状況に暗然としている最中の三月一五日、突然父の秀苗から「妹静子死亡」の電報が届いた。静子は一九一三年（大正二年）生まれで、秀一とは五歳離れていた。ところが静子は幼くして脊椎カリエスに冒され、小学校に入学することが出来なかった。そんな不憫な妹に、秀一が文字を教えてやったことから、静子は内外の文学書を枕元から離さないほどの読書好きになった。

電報には、「葬儀は三月一七日で、帰郷するための金は明日送る」とあったが、それを待っていては葬儀に間に合わない。秀一は同室の最上から金を借用して、早速乗車割引券を大学から貰うや否や、その日の夜行列車に乗り込んだ。折悪く年度末に重なったため、車内は大混雑した。秀一は車中立ち通しのまま、翌朝鶴岡駅に着いた。

泉流寺では両親が秀一の帰宅を待ちかねていた。

三月一五日(日)　晴　一一時頃、電報が来た。妹が死んだから帰れというのだ。金は明日送ると書いてある。でもよく考えてみると、明日こっちを発ったのでは、一七日の葬式に間に合わないことがわかったので、最上君に金を借りて、今日発つことにした。汽車の割引券を貰おうと思って学校へ行ってみたら、事務室も教務室も留守。小野君からやっと一枚融通して貰う。
三月一六日(月)　晴　一〇時過ぎ鶴岡の停車場に着いた。雪はまだ一面に残っている。道でもせいぜい一里塚のあたりまでしか消えていない。家では随分待っていたらしい様子だった。妹は一昨日の夜死んだ由。随分苦しんだというから、僕はそれを見ないだけ、却ってよかったわけだ。親類の人達など来て、仕事の手伝いをしてくれるので、家の中があまり湿っぽくならないで済むようなわけだ。

葬儀のあった三月一七日から三月二五日までの五日間、秀一は日記を付けなかった。空白の日記が、妹静子の死による秀一の衝撃の大きさを物語っている。三月二二日になって、秀一は再び日記を書くようになった。

三月二二日(日)　晴　一週間延ばして上京もとうとう今日することにした。……急行でないためか、新庄でだいぶ待たされた。
三月二三日(月)　晴　朝早く五時半頃上野に着くはずの汽車だったから、寮に来た時はまだ早かった。ろくに眠れなかったので、頭の具合が悪いことおびただしいものである。二時間足らず寝たらだいぶ良い。一〇時からの卒業式に出た。終わってから飯が出た。これでやっと卒業したことになる。卒業すべき人達の中に「未了」というのがある。菅原君もその一人だが、聞けば『駒澤文学』の『歪んだレンズ』という小説がいけないらしい。どこまでも学校の態度は馬鹿げているとしか思えない。

菅原が執筆した『歪んだレンズ』というのは、プロレタリア文学作品だった。秀一としては、時代風潮に迎合した大学当局を容認できなかった。

学生生活に別れを告げる

数日後には大学卒業というのに、秀一には就職の当てがまったくなかった。

三月二六日(木)　晴　……田丸先生を訪ねて、再び就職をお頼みした。その時玄関に出て来た女の人を奥さんと間違えて、滔々としゃべりだしたのは冷や汗ものだった。

三月二九日(日)　晴　……本を甚だ断片的に読んだだけで日を暮した。玉川へでも行こうかと思ったのだったけれども、風が吹くのと、一人で行ってもつまらないと思うので、とうとう行かないでしまった。この頃中は、まったく自分でもいやになるくらい気が散って困る。机に向かっても、長くじっとしていられないのだ。それでいて、まとまった遊びというものも出来ないし、まったく弱ったものだと思う。やっぱり決まった仕事でも出来て、気が落ち着かないといけないのだろう。

就職先がいまだ見つからない状況に、さすがの秀一もしょげかえった。

三月三一日(火)　曇り・雨　……まだ家から何も言って来ないところをみると、確からしい話だった小学校教員の口も怪しいのではあるまいか……。

四月一日(水)　曇り　夕刊によると、また共産党が挙げられた。去年の二月のことだ。記事に載せることが許されたのは、大阪の分だけらしい。検挙は全国にわたっているらしいが……。これで共産党の検挙も、三・一五、四・一六と数えて三度目だ。根を取らずに枝だけチョンと切るようなものだから、また芽を出すに決まっているわけだ。こういう自分の利益にならないことの為、身も命もなげうって働く人達のことを、例えブル（ジョワ）新聞ででも読むと涙ぐましくならずにはいられない。

秀一は、弱い立場の労働者達に大いに同情している。

四月二日(木)　晴　昨日新聞で見ておいた京橋の伊藤とかいう家へ行った。入口へ入って、まず来ている人数の多いことに驚いた。どうしても二〇人以上はいたろう。二時間も待たされた挙句、編集は経験ある人でないと駄目だし、営業ならよいというが、これはまた頗る条件が悪いので、「考えてみましょう」と言って、虚しく帰って来た。

就職の見通しが立たないため、秀一の焦りは募るばかりである。

四月四日(土)　晴　父からと役場からと手紙が来た。父はまた例のことを言っている。なるべくならば帰りたくないのだが、東京で仕事が見つけることは難しいことだから、やっぱり帰ることになりそうだが、まったく情けないのだ。外に出て行くだけの元気もないので、またも家の中に一日くすぶっていた。「つまらない!!」という感じばかりがする。本を読むにしても、同じものを長く読んでいられない。すぐに気が散るので。やっぱり環境が人間を規定するという訳かな……。

四月八日になって、ようやく父秀苗から、教師の口が決まったとの知らせが届いた。

四月八日(水)　晴　とうとう来るべきものが来た。父からの手紙に、教師の口が決まったから、早く帰れというのだ。遅かれ早かれ帰らなければならない事がわかっていても、こうハッキリ言ってこられると、いよいよ落ち着きがなくならざるを得ない。どうせ駄目だと思っても、職探しを頼んでおいた所で一応結果を聞いてみる必要があると思って、笠松さんと田丸さんを訪ねてみたが、案の定駄目。いよいよ帰らなければならないのだから、帰ってしまうと本を買うのも面倒になると思って、目指していた本を少し買って、なおフランス(語)を注文したり、むしゃくしゃ晴らそうと思って飲んだりしたら、とうとう六円九二銭という大金を一日で費やしてしまった。自分ながら少し遣い過ぎたかなと思うぐらいだ。

四月一〇日(金)　晴　学校へ行ったら山口さんはいなかった。川口さんがいて、「教員検定を取る書式を聞きに来ました」と言ったら、「君は取れるんだったかな?」と言いやがった。

四月一一日(土)　曇り　……何分五年の間この寮(同事寮)にいたのだから、去るに臨んでは、少しはセンチメンタルにもなろうよ。

四月一二日(日)　曇り　寒い　一一時過ぎに起きて、早速箱に本を詰める。昨日買ってきた箱二つが一杯になったので、さらに買いに行く。なお二つに詰めたが、もう二つを要するだけの本が残っている。時間は遅くなるし、荷物は片付かないとくるので、やむなく発つのを明日に延ばしてしまう。

四月一三日(月)　晴　荷物まとめは、今日でやっとのことで片が付いた。随分面倒くさい始末ではあった。夜ローマ字会に行ったら、鬼頭さんが帰って来ていた。校正が一通り済んでから、送別会をするから出て行こうと言う。何とかいうカフェで少し飲んだ。あまりゆっくりしたので、電車は大橋までしかなかったから、それからは歩かなければならなかった。

四月一四日(火)　晴　荷物はリンゴ箱に布団二、行李一つという甚だしい量にのぼって、運送屋へ寄った時一〇円二五銭を求められたのには、ただただたまげてしまった。……上野(駅)で、鬼頭さんが来ていやしないかと思って探して見つからなかった。……当分会われないと思うと、ちょっとは寂しい気持ちにもなった。何も良いことはなかったが、横になって眠れたのは幸いだった。

こうして秀一は、五年間の東京での学生生活に別れを告げることになった。秀一にとって郷里へ戻ることは人生の敗北を意味していた。

大泉小学校大平分教場に赴任

一九三一年（昭和六年）三月末、駒澤大学東洋文学科を卒業した秀一は、同年四月から郷里の東田川郡大泉村（現朝日村）立大泉尋常小学校の准訓導心得として教壇に立つことになった。

四月一五日（水）　晴　鶴岡に着いて、常盤屋へ行き、昼飯をごっそう（御馳走）になった。家へ帰ると大般若（寺の行事の意味）なので、手伝いの連中がたくさん来ていて、僕が大泉へ行かなければならない事を慰めるように言ってくれた。僕はＯ（大泉）。というのはたぶん家から自転車にでも乗れば通える所だと思ったのに、四里もあると聞いては、がっかりしてしまったのであったが、色々の事情を考えるとその気も出ず、とうとう明日出かけることに心に決心してしまった。

ここに記載されている「大般若」とは、「大般若経」を転読することによって諸災消滅・病気平癒・五穀豊穣などを祈願して行う曹洞宗の行事のことである。多くの寺では正月に行うが、それ以外の日に行われる場合もある。例えば、二月の初午大般若である。

当時の東田川郡朝日村（二〇〇五年鶴岡市と合併し鶴岡市朝日地区となる）は、旧大泉村、本郷村、東村の三ヵ村が、一九五四年（昭和二九年）合併して出来た村であった。ここは深い渓谷が織り重なっている県内屈指の広大な面積を持つ自治体で、大鳥川に沿って点在するかつての下田沢村、上田沢村、松沢村、荒沢村、倉沢村、大鳥村の六ヵ村が、一八八九年（明治二二年）の村制実施によって誕生したのが旧大泉村であった。

旧大泉村は、大部分が朝日山系に属する山岳地帯で、村の九割以上が山林で占められており、冬期にはその積雪量が二〜四メートル以上にもなるという全国でも有数の豪雪地帯である。

北東部の湯殿山は、出羽三山の一つで修験道の霊山として名高く、湯殿山神社のご神体は熱湯が湧き出る茶褐色の巨岩で、自然崇拝の形態を今に伝えている。

西麓の七五三掛口《しめかけぐち》と大網口が登拝基地となって、古くから多くの参詣客や行者《ぎょうじゃ》が行き来した。多麦俣《たむぎまた》地区には、当時は豪雪を防ぐための三層構造になった兜造りの多層民家が建っていた。また即身仏が安置された注連寺や大日坊など湯殿山一帯は、今でも学術的にも非常に貴重な地域である。

大泉小学校の本校は、上田沢集落にあった。大泉村の面積は広く、集落の距離が遠く、小学校児童の通学はままならなかった。したがって秀一が勤務していた頃は、本校のほかに大平《おおだい》、八久和《やくわ》、荒沢、大鳥の四つに分教場があった。冬季の臨時分校の数はもっと多かった。当時尋常科の全村児童数は、男四五〇人、女二二〇人だった。この村の女子児童数が男子の半分にも満たないというのは、経済的貧困と意識の低さを物語っていた。
この年新たに転入した教師は、新採用の秀一を含めて八人いた。全教職員一二人のうち三分の二の教師が入れ替わるというのは、この地域が教師が勤務するのに非常に難渋する所であり、ここで教えるのを望む者がほとんどいなかったことの証左でもある。
新任教師として赴任する秀一の心境を、日記から見てみよう。

四月一六日(木)　晴　九時に起きてご飯を食べ、一一時頃から大泉の小学校へ出かけた。途中道を間違えて名川へ行く道へ踏み込んだりし、道は悪いし、遠いは遠いし、まったく情けなくなった。でも四時頃どうにか目的地へ着いたがクタクタに疲れた。僕の行く所は本校ではなくて、大平の分教場だというので、いよいよ悲観する。晩は宿直の人と一緒に学校に泊まった。疲れたのでぐっすり眠った。

四月一七日(金)　雨　田村氏と役場へ挨拶に行く。大平分教場の菅井（秀夫・前任教師）氏が迎えに来たので、一緒に行く。雨降りなのに山越えさせられたので、弱ってしまう。子供への披露式があった。晩は阿部とかいう家へ泊ることになっ

大平分教場の全児童
（『吹雪く野づらに』より）

た。酒が出たのは良いけれど、どうも落ち着かなくて弱ってしまう。心はいたずらに焦って、思う仕事の一〇分の一も出来ない。

四月一八日(土) 曇り 初めて授業をしてみた。それを終えてから家へ帰る。一二時から三時まで、ちょうど三時間かかった。思ったより早く着いた。

大平集落には全部で一九戸あった。そこではわずか一〇坪にも満たないような棚田で、稲作が行われていた。その日秀一の到着を待っていたのは、一年から三年生までの児童合わせて一七人だった。

四月二一日(火) 晴 一〇時から職員会議だと言うから、早く出かけた。着いたのは九時半。なかなか始まらず、ようやく始まったのは一一時。それから校長がしゃべりだして、昼食の時間を除いた他は四時までしゃべり続けたが、まったく恐れ入ったものだ。

就任を決めるにあたって、僕は読み方と綴り方をやらされることになった。校長が、「綴り方は斎藤先生にやってもらおう」とか何とか言ったから、「ローマ字の話でもして聞かせるさ……」と皮肉られたのには少し驚いた。『(鶴岡)日報』に僕が書いた文章を読んだのに違いない。村の若者二人、分教場を談話会とかの会場として貸してもらいたいという用事で来ておいて、なかなか帰らないのには驚いた。

一九三〇年当時、山形県においては、僻地の小学校で、師範学校を卒業した正規の教員が教えるというのは少なかった。ましてや大学を出た学士などは皆無に近かった。今日わが国の大学生の割合は同年代の五〇％を超えているが、戦前の学士の数は数％に過ぎなかった。

秀一は、財団法人山形県教育会が発行する月刊雑誌『山形教育』に、「ローマ字と小学教育」と題する論文をはじめとして、毎号のように多数の論文を寄稿した。こんなことが大学出身者でなかった校長から嫉妬を買う原因にもなった。

大平分教場に赴任してから一週間が過ぎた。秀一の生活もようやく落ち着きを見せ始める。

四月二四日(金)　曇り　……夜村の青年が談話会をやるから来てくれという。行きたくなかったが、わざわざ迎えに来たから行った。皆二、三分の間、書いてきた原稿をテーブルの上に置いて読むのであった。この間中、あれだこれだと忙しくて閉口したが、ようやく平凡な日が続き出した。見るべき本もまだ持って来てないし、これからまた一弱りすることだろう。初めて修身を教えたら、ちょっとの間に話すことがなくなってしまって困った。特に一年生は、何が何だかわからない様な顔をしていた。

翌二五日は土曜日のため午前中だけの授業だった。午後二時頃帰宅しようと思ったが、激しく雨が降っていたため、止んでから帰路に着いた。泉流寺に着いた時には、辺りはすっかり暗くなっていた。

四月二六日の日曜日、鶴岡市内の桜は満開となった。市内の公園はどこも大変な人出で、俄作りのカフェからはジャズ風の小唄が流れてきた。

四月二七日(月)　曇り・雨　必ず五時に起きようと思って気が張っていたせいか、夜中に目が覚めたりして、ぐっすり眠れなかった。五時に起きて、大急ぎで飯を食べて出かけた。

いつものことながら、四里の道は随分長い、早坂氏が自転車で追い越して行った。学校へ着いた時は丁度九時。先生が来ないだろうと思ったものらしく、帰った子供たちは、僕が来る時ポツポツ家から集まって来た。夜はまったく疲れ切っていたので、雑誌も読んだだけで、早く床に入ってしまった。

四月三〇日の日記には、「明後日、僕に講演をやってくれというのには、だいぶ参った。仕方なく引き受けたりはしたが……」とあり、五月二日には大泉村の青年団の総会での講演依頼があった。秀一は、「国字改良とローマ字について」と題して、村の青年団員二〇〇人を前にして講演をした。

五月八日付の日記には、上田沢の郵便局から振替為替で、「プロレタリア芸術講座」とナップ編集局へ二ヶ月分の代金などを送ったことなどが記されている。

この時期秀一を悩ませていた問題は、実家の泉流寺の跡継ぎのことだった。寺を継ぐためには、秀一としては少なくとも僧籍を取得しておかなければならず、そのためには「結制」に参加して首座という役を務める必要があった。

「結制」とは、得度を終えた小僧が、僧堂入門の前に済ませるべきステップである。得度がホップ、ステップが首座、永平寺僧堂での修業がジャンプである。ジャンプを終えた僧侶が、正式の僧侶である。これが禅宗で僧侶になる過程であるが、浄土真宗では、寺に生まれた男子は得度をしただけで和尚を名乗ることが出来る。

妹静子を失った今、妹に養子を迎えて寺を継いでもらう方策は採れなかった。


五月一七日(日)　曇り　一一時前からとうとう例の結制だ。場所は、余目の乗慶寺である。問答を皆忘れてしまって、まったく冷や汗をたらたら流した。それから法要、大般若。まったく辛い一日だった。村の人達も三〇人足らず来た。もちろん余目の檀家の連中はたくさん来た。


鶴岡市民にとって五月二五日は、待ちに待った日である。それはこの日が「天神祭」に当たるからである。

この天神祭は、菅原道真公（八四五〜九〇三年）が京都から九州大宰府に突然左遷されることになった際、道真公を慕う人々が時の権力者を憚り、女性用の花模様の長襦袢を来て変装し、網傘で顔を隠しながら、密かに酒を酌み交わして別れを惜しんだという謂れに由来している。

祭りは江戸時代に始まって、明治時代になってから現在のような「化け物による酒の振る舞い」というスタイルになった。

この日ばかりは鶴岡市内は、花柄の女物の襦袢を尻からげに着て、角帯、パッチに草履き、飾りをつけた菅笠を被り、手拭いで顔を隠し、手袋をつけるという奇妙な扮装をした「化け物」で溢れかえる。

天神祭自体は、菅原道真公を祀る全国の天満宮で催されているが、「化け物が酒を振る舞う」というのは鶴岡だけであり、当時は会社や個人の家にまで「化け物」が入ってきて、酒を振る舞ったものだった。

以下は、五月二四日と二五日の「天神祭」当日の秀一の日記である。


五月二四日(日)　曇り　九時まで寝たら気持ちがよかった。いつものように父母が夕べ僕の寝坊を咎めたのであったが、そんなことは一向平気で寝てしまったのだ。スウェーデンのサミデアノから絵葉書が来た。

昼から鶴岡へ自転車で行って、雑誌やノートを買った。明日は「天神祭」なので、町の中を仮装した連中が角ごとに踊り歩いていた。明日は帰るか帰らないかが、家の人達との間に問題になったが、帰りはカネがかかるから帰らない方がよいという意見だった。

五月二五日(月)　雨　昨日、今日「天神祭」に行くため、自転車に乗ってこようかと、よっぽど思ったのだったが、今日の雨を見て乗ってこないでよかったと思った。あまり激しくはないけれども、このぐらいでは人出はだいぶ減るだろう。

買ってきた雑誌を頭が痛くなるほど読んでみたが、やっぱり徳永（保之助、幸徳秋水らと『平民新聞』の編集に携わる）の『赤旗開き』や中条（百合子、宮本顕治と結婚して宮本百合子となる）の『ずらかった信吉』のようなプロレタリアの作品には他に見出せない生き生きとした所があるようだ。創作を読むと、自分でも書いてみたくてたまらなくなる。村の青年が休みだとて、昼過ぎから来て、夕方まで居てゆく。非常に寒いので炬燵を掛けたが、それで丁度よいくらいだった。

五月三一日(日)　晴　母がいつものように、朝寝をすることにくどくどと小言を云う。よく飽きないのが不思議なくらい繰り返し繰り返し云うのだ。母の小言は、他に自動車に乗らずに歩いて来いという事、町に行くとカネがかかるから行くなと云うのだ。

この記述から秀一の実家のおおよその経済状況が察せられるが、寺の家計は豊かではなかった。新進の青年教師の秀一といえども、実家に帰れば普通の息子である。父の秀苗は口数こそ少ないものの非常に厳格で、帰宅の際は家族全員が玄関で出迎えなければ機嫌が悪かった。母のたみゑは尋常小学校すら満足に卒業していなかった。それだけに一人息子に対する母性愛は深いものがあった。

六月一日(月)　曇り　雑誌『山形県教育』が来たが、それには僕の「小学教育とローマ字」が出ている。文章が短いので、皆を言い尽くさないきらいはあるのだが、書いた時思ったより、文章がすらすらといっているような気がする。とにかく原稿で読むのと、それが印刷されてから読むのとでは、読み手の受ける感じがだいぶ違うことは本当のようだ。本が来てから、初めて子供にローマ字を教えた。やっぱりろくに聞いていない者もいる。

『山形県教育』六月号に掲載されたこの論文は、秀一が大平分教場に赴任してまだ二週間しかたっていなかった時に書いたものである。

赴任するとすぐに秀一は、日本ローマ字会に、『ニッポンローマ字読本』という小冊子を教科書代わりに、一八部を分教場の生徒一七人と自分用に注文した。秀一としては、ローマ字論者だからといっても、直ちに漢字を廃止してローマ字化せよと主張するつもりはまったくなかった。

日本では一九世紀終わりに、山田美妙や二葉亭四迷などの文学者によって、文章としての文語文を改め、日常口語を文章化する言文一致体が主張されていた。秀一は授業を通して、日常口語の使用領域が自然に広がっていくのと同じように、ローマ字も普及していって欲しいと願っていた。

第7章　秀一逮捕

大正末期〜昭和初期の情勢

一九二二年（大正一一年）七月、非合法で日本共産党が結成された。大正一三年三月に一時解散したものの、大正一五年には再建され、山形県五色沼で極秘裏に第三回党大会が開催された。

第一次世界大戦で日本は未曽有の戦時バブルに沸いたが、それが終わると経済基盤の弱い日本は深刻な不況に陥ることになった。

一九二七年（昭和二年）四月、田中義一政友会内閣（田中首相兼外相）が成立した。この年五月北伐軍が北上し、華北に達せんとする形勢をみて、田中内閣は居留民の現地保護を名目に第一次山東出兵を決定した。六月下旬より、田中内閣は「東方会議」（本省、中国、満州、朝鮮在勤の外交官、軍部）を開催し、中国に対する積極政策を決定した。会議最終日、田中首相は「対支政策要綱」を訓示し、日本の権益と居留民の保護および満蒙分離の方針を内外に明らかにした。

会議直後、満蒙領有を唱えた所謂「田中上奏文」（田中メモランダム）が流布された。世界各国から疑惑を招いたが、今ではそれが全くの偽作であったことが明らかになっている。

一九二八年（昭和三年）四月、国民革命軍の北伐に対して田中内閣は、第二次山東出兵を決定した。そして五月、済南における日中両国軍の衝突事件（済南事件）に際して、第二次山東出兵を行った。さらに田中内閣は同月、中国の南京政府に対して、戦乱が満州に波及する場合、治安維持のための適当な措置を執ると通告した。

さて同年六月、関東軍高級参謀河本大作大佐らの手による張作霖爆殺事件が発生した。ところが田中首相は軍部の圧力のため、この事件の首謀者である河本大佐を軍法会議にかけることなく、軽い行政処分でお茶を濁した。このため天皇の強い叱責を受けることになった。その結果、一九二九年（昭和四年）七月、田中内閣は総辞職した。

代わって民政党の浜口雄幸内閣が成立した。ところが一九三〇年（昭和五年）一一月、その浜口は東京駅頭で狙撃され、それがもとで翌年死亡した。このため一九三一年（昭和六年）四月、第二次若槻礼次郎内閣が幣原喜重郎外相留任のまま発足することになった。

一九二九年一〇月、米国ニューヨークで発生した世界大恐慌の津波は、瞬く間に日本を襲った。これによって日本経済は壊滅的打撃を受け、深刻な社会不安を惹起した。

他方中国の国民党政府は、不平等条約破棄の「革命外交」を採用し、排日運動は非常な高まりを見せた。

満州においては、満鉄並行線問題、日本人土地商租権問題、中村震太郎大尉事件、万宝山事件が次々に起こった。このため同地域の治安維持と権益擁護を任務とする関東軍（同地域の日本軍）に、満州占領計画を抱かせることになった。

一九三一年（昭和六年）八月、南次郎陸相は、軍司令官、師団長会議で、満蒙問題の積極的解決の方針を訓示した。この訓示は、軍部による外交関与として、政府内外で問題となった。ところがこの時既に陸軍は、「満州問題解決方針の大綱」を作成していた。

関東軍が謀略を凝らしているとの奉天総領事林久治郎の報告を受けた幣原外相は、閣議の席上、南陸相を鋭く問責した。この結果、関東軍の暴走を防ぐために、止め男として参謀本部の建川美次少将が派遣されることになった。そこで関東軍高級参謀板垣征四郎大佐と、参謀石原莞爾中佐（庄内中学での斎藤秀一の一九年先輩）、花谷正少佐ら謀略計画の中心人物たちは、当初の予定を繰り上げることにした。

かくして九月一八日、奉天独立守備隊の河本末守中尉は配下の者を使って、奉天郊外の柳条湖で満鉄線を爆破し、ここに満州事変が勃発した。関東軍は、この爆破が中国兵の仕業によるものとして中国軍を攻撃し、たちまち奉天の重要拠点を占領した。

九月一九日、林総領事からの電報によって関東軍の仕業であることを知った幣原外相は、急遽官邸に赴き、若槻首相に外務省に到着した電報の概要を報告し、至急閣議を開くことを要請した。これを受けて閣議は事件の不拡大方針を決議し、一九日夕方、陸相と参謀総長より関東軍司令部に対して、不拡大制止命令を出した。

一方板垣、石原らは、奉天方面をわざと手薄にして朝鮮軍の出動を誘うという手を使って、九月二一日吉林に出兵し、これに呼応して林銑十郎司令官下の朝鮮軍は、天皇の命令を待たずに独断で鴨緑江を越境した。こうした関東軍の独断専行は、事件の収拾をますます困難なものにした。

さらに関東軍は一〇月八日には錦州を爆撃し、北満ハルビンへの進出を謀り、一〇月中旬、馬占軍によって洮昂《ちょうこう》線の嫩江《のんこう》鉄橋が爆破されたのを契機に、一一月五日北満侵攻を開始し、一一月九日にはチチハルを占領した。

一二月一三日、犬養毅政友会内閣が成立した。一二月二八日、関東軍は錦州爆撃を開始し、翌一九三二年一月三日この地を占領した。こうして関東軍は、事件後わずか五カ月足らずにして熱河省を除く大部分を手中に収めることに成功した。

一方日本国内では、一九三一年（昭和六年）三月橋本欣五郎中佐らは、民間の右翼大川周明（庄内中学で斎藤秀一の二二年先輩）らと謀って、宇垣一成陸相を首班とする軍部政権樹立を目指すクーデター計画を立てた。この「三月事件」は計画のずさんさから未然に中止となったものの、続いて同年「十月事件」が発覚した。幸いにもこの計画も未然に終わることになった。こうしたクーデター事件は国民には隠蔽《いんぺい》されており、その真相が明らかになったのは戦後だった。

犬養首相と芳沢謙吉外相は、中国の主権を認めて日中合同政権を満州に樹立する計画を立てていたが、事態は犬養たちの思惑とは反対の方向に進んだ。

一九三二年（昭和七年）一月一八日、上海で日本人僧侶（日本山妙法寺の水上秀雄師）が中国

人によって殺害されたことから日中間で紛争が起こり、一月二八日第一次上海事変へと発展した。この事件は、列国の目を満州から他へ逸らすため、板垣大佐の指示を受けて上海駐在公使館付武官の田中隆吉少佐が起こした謀略だった。

上海事変によって世界の耳目がそこに引き付けられている間に、三月一日関東軍は満州国建国宣言を発した。

一九三二年五月一五日の白昼、首相官邸において犬養首相が海軍の青年将校によって暗殺されるという「五・一五事件」が発生した。これによって政党政治は終わりを告げた。

五月二六日、斎藤実海軍大将を首班とする挙国一致内閣が成立した。

『庄内の旗』の発刊

こうした混沌とした状況下で、共産党の活動が活発化した。このため一九二八年（昭和三年）三月一五日、政府は大規模な検挙に乗り出し、一六〇〇余名を検挙し、四八四名を起訴した。

共産党は党勢拡張のために芸術活動に力を注ぎ、大正一四年に日本プロレタリア文芸連盟を結成した。その後党内対立が激化したが、三・一五事件が契機となって全日本無産者芸術連盟（ナップ）を結成し、その立て直しを図った。

ナップの中でも最強組織は日本プロレタリア作家同盟（ナルプ）であり、その代表的作家は小林多喜二、徳永直、中野重治であり、理論派は蔵原惟人、宮本顕治であった。

このような時代を背景にして、鶴岡にもナルプの鶴岡地区委員会が組織された。その時期は明らかではないものの、一九三二年秋には強い弾圧が加えられた。それにもかかわらず一九三三年（昭和八年）、機関誌『庄内の旗』を発刊した。ところが三月一五日には同志の牧本進が検束され、『庄内の旗』は押収された。

この『庄内の旗』には、次のように記載されていた。

『庄内の旗』
（鶴岡市郷土資料館）

「昨秋の暴圧以来、吾が鶴岡地区委員会の活動が全面的に沈滞して居る事は、既に明らかな事である。吾々の組織は、昨秋以来の集中的な敵の攻撃を受け（最近に至っては、三月一五日に於ける同志牧本の検束及び『庄内の旗』押収、三月下旬の最上地区準備会に対する暴圧、サークルに対する切り崩し策）の中未だ且つてなかった程の困難と闘って居る」

鶴岡地区委員会では、『庄内の旗』を鶴岡地区ばかりのものとせず、全山形県のものとすべきであるとの意見から、日本プロレタリア作家同盟（ナルプ）山形支部準備機関誌とした。

一九三三年六月一三日発行の『庄内の旗』五・六月合併号に、「石川啄木の正しき評価について―啄木を愛する詩人たちに―」という題で、北嶋三郎こと斎藤秀一が次のような内容の評論を投稿している。

なお石川啄木は、斎藤秀一と同様、曹洞宗寺院（盛岡市の常光寺）の生まれである。盛岡一高に学んだが、三年先輩が金田一京助、十年後輩が宮澤賢治であった。

「我々は明治の文学史に啄木を持つ事を誇らなければならない。彼は此の資本主義社会の矛盾を身を以て感じ、文学者も亦かかる矛盾を解決せんと力める実行家でなければならないことを主張し、且実行に移した最初の詩人である。

彼は『あこがれ』その他のロマンチシズムの色合ひ豊かな明星派の詩人として自らの文学的生活を発表し、『一握の砂』及び数々の小説に現はれた自然主義的過程を通って、遂に『呼子と口笛』に見られる革命的境地にまで到達した。

彼のたゆまざる執拗さと些の曖昧さを許さない良心とは、間もなく明星派のロマン主義を清算し、自然主義の不徹底さを批判して、文学と現実との連繋に対して鋭い観察を向けさせた。彼は一九〇九年（明治四二年）一一月に書かれた論文『食ふべき詩』に於いて、『最も手取早言へば、私は詩人と言ふ特殊なる人間の存在を否定する』と断言し、更に続けて、『……今迄の詩人のように直接関係のない事物に対しては、趣味も希望も熱心も有ってゐない―飢えたる犬の食を求むる如くに唯々詩を求め探してゐる詩人は極力排斥すべきである。……即ち詩人とは、自己を改善し自己の哲学を実行するに政治家の如き勇気を有し、自己の生活を統一するに実業家の如き熱心さを有し、常に科学者の如き明敏なる判断と野蛮人の如き明敏なる態度を以って、自己の心に起こり来る時々刻々の変化を飾らず偽らず、極めて正直に平気に記載し、報告するところの人でなければならない』

金田一氏の言葉に依れば、啄木はこの論文に於いて、『詩の生活化を唱道して、今までの詩の考えを根底から打破したのである』。ここに言ふ文学は生活、即ち難しく言へば、現実と一致しなければならないことは絶対に正しく、斯かる見解は、当時としては確かに卓越したものであるが、生活そのものが持つ矛盾、ひいては社会が含む幾多の不合理には一点も触れられていないから、そこに大きな不十分さが認められる。

しかし啄木は、決して此の地点に足踏みしてはゐなかった。同じ一九〇九年一一月二五日朝に書かれた『きれぎれに浮かんだ感じと回想』では、彼の矛先は既に『国家』に向けられて居る。即ち長谷川天渓の国家観を批評して、『謂うが如く自然主義者は理想も解決も要求せず、あるが儘を在るが儘に見るが故に、秋毫も国家の存在と抵触することがないならば、其の所謂旧道徳の虚偽に対して闘った勇敢な戦いも、遂に同じ理由から名のない戦ひになりはしないか。従来及び現在の世界を観察するに当って、道徳の性質及び国家と言ふ組織から分離して考へることは、極めて明白な誤謬である。―寧ろ日本人に最も特有な卑怯である』と述べ、総ての人が国家といふ問題を徹底的に突っ込まなけらばならないことを再三主張して居る。けれども道徳を国家から引き離して、あれこれと論ずるには、決して日本人に特有な卑怯さの故ではない。ここに言う『日本人』を『支配階級」と置き換えるならば、誠によく論理が徹底するであらう（以下省略）」

なお石川啄木作『呼子と口笛』に所載している「はてしなき議論の後」は、次のようなものである。

はてしなき議論の後

われらの且つ読み、且つ議論を闘わすこと、
しかしてわれらの眼の輝けること、
五十年前の露西亜の青年に劣らず。
われらは何を為すべきかを議論す。
されど、誰一人、握りしめたる拳に卓をたたきて、
〝Ｖ　ＮＡＲＯＤ！（人民の中へ）〟と叫び出づるものなし。

われらはわれらの求むるものの何なるかを知る、
また、民衆の求むるものの何なるかを知る、
しかして、我等の何を為すべきかを知る。
実に五十年前の露西亜の青年よりも多く知れり。
されど、誰一人、握りしめたる拳に卓をたたきて、
〝Ｖ　ＮＡＲＯＤ！〟と叫び出づるものない。

此処にあつまれるものは皆青年なり、
常に世に新しきものを作り出だす青年なり。
われらは老人の早く死に、しかしてわれらの遂に勝つべきを知る。
見よ、われらの眼の輝けるを、またその議論の激しきを。
されど、誰一人、握りしめたる拳に卓をたたきて、
〝V　NAROD！〟と叫び出づるものなし。

ああ、蝋燭はすでに三度も取り代へられ、
飲料の茶碗には小さき羽虫の死骸浮かび、
若き婦人の熱心にかわりはなけれど、
その眼には、はてしなき議論の後の疲れあり。
されど、なほ、誰一人、握りしめたる拳に卓をたたきて、
〝V　NAROD！〟と叫び出づるものなし。

この「はてしなき議論の後」は、幸徳秋水ら大逆事件直後のいわゆる社会主義の「冬の時代」の中から生まれたもので、啄木の社会主義への憧れを示していた。
その後『庄内の旗』は、池田勇作（丘三平）の検挙によって刊行されなくなった。

一九三二年（昭和七年）一月七日付の秀一の『ローマ字懐中日記』には、次のように記されている。

一月七日(木)　曇り　カツオ君は明日入営のため出かけるので、その宴に招ばれて行く。他人のために己には一文の利益にもならぬもの、軍隊に征かなければならないとは情けない。

一月八日(金)　曇り、雪　朝、アベカツオ君が入営するので、松の木休み場まで送って行く。もちろん子供を連れて。村中総出の見送りだ。授業はしない。三時間ほど昼寝をした。

この「三時間ほど昼寝をした」というところに、秀一の抵抗感が滲み出ている。

一月二一日(木)　曇り　職員会で本校へ行く。いつもの通りつまらない研究授業と批評のための批評と全職員の名前によっての校長独り決めの職員会だ。『郷土読本』の筋書きを持って行ったら、親切に批評しないで、勿体をつけて皮肉られたのは一番癪だった。

一月二二日(金)　曇り　どう考えたって憂鬱だ。こんなくだらない、やりがいのない代用教員などはさらりと辞めて、もっと忙しくても良いから本当のおのれの仕事だと思えるものに携われたら。そういうことは次の社会でないと来ないのかもしれない。

『ローマ字懐中日記』
（鶴岡市郷土資料館）

一月二五日(月) 晴れのち曇り 大変人の来た日だ。アベクラジ氏、アベアサオ氏と。クラジ氏は炭の請求書を貰いに来たのだが、授業を一時間観て行く。菅井(秀夫)氏から僕の排斥運動があった由を聞く。

一月二六日(火) みぞれ 授業を早く済ませて家へ帰る支度をする。明るいうちに十分帰るつもりだったのが、俸給を受け取るに手間取って家へ着いたら、もう八時。月給を受け取るのが目当てでこの日までに残っていたのに二〇円しか貰われない。

秀一に対する排斥運動そのものが、一体誰が中心となって行っているものか、どんな理由で、どのような形で行われているものなのかについては、一切触れられていない。ただ菅井秀夫が大泉村の住人であったことから、秀一を排斥せんとする噂話が菅井の耳に入ったものと思われる。

山間の集落には、封建的な考え方が根強く残っていた。これまでの教師とは異なったことをする秀一のような人間に対して、何人かの村人は警戒心を抱くようになった。

秀一が行ったローマ字教育などは、集落の人々にとっては、これまでの村の風習を壊す一つの脅威と映った。また秀一の許には、毎日のようにドイツやスウェーデンなどの海外から手紙や書籍が届いたが、こうしたことも集落の人々の警戒心を煽った。

上記の日記からは、給与の支払い日が二五日であったことがわかる。また恒常的に給与の遅配があったこともわかってくる。

疲弊する農村と教員弾圧事件

昭和の恐慌に喘ぐ日本経済状況についてみてみようと思う。

農産物に関して日本農業の中心といわれた米と繭の価格を全国統計によってみるならば、昭和四年を指数一〇〇とした場合、昭和七年は米が六四、繭が四一に低下している。この傾向は山形県においても同様で、昭和五年以降に特に著しい。当時山形県の農業戸数は全体で五三％と高い比率を占め、養蚕を副業としている農家が多かった。

米に次ぐ産物は唯一の工業製品としての生糸で、昭和三年当時で、山形県内の製糸業は大小四五〇〇場を数え、その職工数は一万八二〇〇余人に上った。そしてその大部分は女工が占めた。しかしながら輸出を主とした生糸の下落は、工場経営に打撃を与えると共に、職工の整理や賃金の急激な低下につながった。

産業界の極度の不振から失業者が急増し、昭和五年九月、その数は全国で三七万人にも上った。同年六月の山形県監督課の調べでは、二九八二人（うち女性は一〇八一人）で、これは前月よりも八三五人多く、増加の途上にあった。

これを産業別でみるならば、日雇労働者が最も多く一五五五人で、次に工場労働者、給与生活者、農業従事者となった。工場労働者の中には実家のある農村へ帰村したものが一四三九人もいるので、これらを合せれば失業者の実数は、統計上でも先の数をはるかに上回ることになる。失業の主な原因をみると、不況による「業務閑散」や、縮小および休廃業が多く、給与生活の場合は人員整理などであった。

農村は農産物価格の下落のため、疲弊が甚だしかった。昭和五年の米作は平年並みであったが、農家の所得は以前の約半分で、多くの農家は経常的家計を切り詰めると共に、借金で経営を維持した。

この時期山形県では小作争議が続出している。原因は小作料の減額要求および滞納をめぐる問題や、地主の土地取り上げ問題をめぐる争いなどで、昭和三年の九二件から同五年には二六二件と急増した。特に零細農家では、借金がかさむと婦女子を「身売り」奉公に出す例も多く見られた。これは、「東北地方の凶作がもたらした社会的悲惨事」として問題視された。

昭和七年から九年にかけて警視庁が行った芸娼妓雇女などの出生府県別人数の調査では、山形県は娼妓一一四九人、その他合計で一四六六人となっている。

これらの出稼ぎの原因については、詳細は明らかではないが、山形県保安課調査の「芸娼妓酌婦紹介状況調」では、昭和七年から昭和九年までの各年度(一月~一〇月)の人数は九五九人から九九一人であった。

昭和九年度の大凶作の影響で一〇月以後に急増し、同九年一〇月末の山形県の婦女子の出稼ぎ状況は、判明している者だけでも、芸妓八四一人、娼妓二〇五一人、酌婦三七八一人で、合計六六七三人となっている。

農産物の下落によって農民の窮乏が深刻化しているところに、昭和九年の大凶作が重なった。凶作の主たる原因は冷害によるものだった。山間部では、雪解けが遅れたことや、六月以降の天候不順で稲熱病が発生したことなどがあった。

山間部と平坦部では大きな差があって、県内を郡別にその減収率をみると、最上郡で七三％、北村山郡六〇％、西置賜郡六〇％に対して、村山地方の特に東村山郡では三一％となっている。庄内地方になると平均一六％であった。なお全国平均の減収率は四〇％である。

郡内でも地域によって大きな差があり、山間部などでは稲作の収穫が皆無の所さえあった。例えば北村山郡でも福原村、常盤村、宮沢村、また最上郡では及位《のぞき》村、金山町、西小国村、東小国村などでは、減収率が八〇％を超えた。

政府および山形県でも、失業の続出に加え、凶作による被害に対する救済事業として、林道開削、荒廃林地復旧などの各種の応急対策を行った。

各町村の財政も破綻状態にあり、役場吏員の給料、小学校教員の俸給の未払いの所が続出した。山形県の昭和九年一一月における小学校教員の未払い俸給は、教員数六三八人（学校五四）で四万二〇〇〇円だった。

また学校では、家庭の貧困から昼食抜きを強いられている欠食児童が激増した。

山形県の農家の負債額でみると、昭和四年には一戸平均六八一円であったが、昭和一〇年九月末には、負債農家九万四〇〇〇戸で平均九七二円となった。

農村の貧窮は、零細農民の多い村ばかりではなかった。例えば東田川郡泉村（現鶴岡市羽黒地区）は庄内の羽黒山麓に位置するが、昭和九年の戸数は七一二戸のうち農業五八一戸で、農家一戸の平均耕作田畑は二町二畝余であり、自作農も全体の二五・五％を占めていた。しかし泉村の農家一戸平均の負債額は、昭和五年が一一六三円、昭和九年が一四五八円に増加している。このように自作農にとっても不況は深刻であった。

昭和七年三月一日、山形県内では左翼弾圧が大々的に実施された。山形では数名の山高生や小学校教員、鶴岡では松岡製糸や大山機業の女工たち、東田川東栄村の農民数名、酒田では竹内丑松(将棋の好きな町会議員)などが一斉に検挙された。

各新聞は、一連の事件を「教員赤化事件」と称して連日大見出しで報じた。この時逮捕された教師は、教育労働組合を組織しその役員を務めた高橋幸蔵《たかはしこうぞう》や村山俊太郎など八名、さらに庄内の余目には太田五郎などがいた。

ほとんどの新聞は、アカが県下教育界に浸透していることを驚きをもって報じ、特に県小学校長会では、「左翼思想一掃の為、勅語記念徳化事業の計画」をたてなければならないとか、県学務課では、「県下教員の思想善導の為『思想視学』の設置」を考えていることなどを報じている。

朝日新聞の山形版では、「赤い教師が検挙されるまで」という四回にわたる記事を掲載した。それには、「質実剛健を以て鳴る本県に、今回の教員赤化事件を出したことは、正に空前の不祥事で、東北有数の教育県を自認していただけに学務当局の狼狽ぶりも一通りではなく、各方面に一大センセイションを巻き起こしている」という書き出しになっている。

ところが村山俊太郎を卒業記念の写真撮影中、児童の面前から引っ張っていった警察の行為をめぐって、県特高課長は、「教育上の影響など今聞いて居れぬ」と居丈高に叫んでいる反面、山形新聞は同僚の教師たちが大憤慨し、山形第一小学校五十嵐校長は、「不当極まる処置だ」

と、当局を厳しく批判した。
この事件の総検挙人数は三四人、家宅捜索五四か所に及ぶもので、山形県教育界にとっては最初の弾圧事件だった。秀一はこうした事件を、大平分教場において知ることになった。

三月一二日(土)　曇り　……この頃中、新聞は小学校の教員の左翼運動を暴いた話を、地方版にでかでかと掲げている。また中等教員になりたい人は六〇〇人もあって、採るのは一八人だと……。

と、当局の弾圧行為に対して不快感を示していた。

三月一四日(月)　曇りのち霧雨　職員会、軍用飛行機への寄付はいやで仕方なかったが、反対すると睨まれる恐れがあるので、泣く泣く出す。何と考えたって職員会は馬鹿げた代物だ。校長の命令の伝達会じゃあないか！　早く床に入ることにする。

三月一六日(水)　雪　大平分教場にもこの月きりでさらばをしたいものだが、さてどうなるものやら？

この記述から、秀一が、中等教員になるための願書を県学務課に提出したことがわかる。

三月一八日(金)　雪　授与式の支度のため本校へ行く。この二、三日、また冬に戻って雪が降るばかりか吹雪すら吹く。近頃の新聞では、小沼、菱沼をはじめ暗殺団（いわゆる血盟団事件）とかの事をデカデカと掲げている。〝世は正に動乱期に入る〟か！」

大平分教場を一年で去ることに

五・一五事件が発生し、ここにわが国の政党政治は終わりを告げた。五月二六日、斎藤実海軍大将を首班とする挙国一致内閣が成立した。七月内田康哉が外相に就任した。ところが内田は、八月の議会で「焦土外交」の決意を表明し、さらにまた九月、日満議定書を結んで、日本は満州国を公式に承認した。

昭和八年二月二四日、国際連盟総会は、満州事変は日本陸軍の謀略によって引き起こされたとする「リットン報告書」を、四二対一（日本）で可決し、このため三月二七日、日本は連盟から脱退することになった。こうして日本はいよいよ国際社会で孤立することになった。

日本国内では、昭和三年の張作霖爆殺事件から三月事件、十月事件、そして柳条湖事件などが起こったが、その真相について正確に報じられることはなかった。国際エスペラント誌の『ヘロルド』を読んでいた秀一は、一連の事件が日本軍部の手によって引き起こされたことを知っていた。

三月二二日(火)　雪　卒業証書授与式だ。一昨日休んだとて校長はなはだ怒る。辞表を出したらよかろうと言う。先頃も代用教員はクビが危ないと言ったし、今日の宴でも教員の整理をやると言っていたから、クビの危ないことはどうも本当だろう。

突然の、しかも筋の通らない校長の怒り方をみれば、秀一の排斥運動に校長自身も加担していたのではないかとの疑いすら出て来る。

三月一九日、秀一は大平分教場で生徒たちに通信簿を渡し、その後学年末休みに当たっての諸注意を行って帰宅させた。しかも土曜日だったため秀一としては、谷崎潤一郎論の続きを書こうと思い、本校に寄らないまま泉流寺に帰宅した。このことを校長は咎《とが》めたのだった。

三月二三日(水)　晴　職員会だというから出かけて行く。校長は僕を来学期から八久和に出ろと言う。大平でも沢山なのに、八久和ではお話にならない。後の都合もあるので、承知したと言って置く。夜、亀井さんが来て、この方の引き継ぎは済む。

三月二四日(木)　晴　カナ文字書きの『テンモンノハナシ』という本が来る。『イズミ』の特別号だ。昼からのこぎり、金槌などを借りてきて、まず本の荷造りをする。どうやらみかん箱二つに納まる。大平を去るとなっても、残り惜しいという程の強い気持ちも持たないが、何せ中学校の口があるものやら、ないものやら、それのみ心配だ。

三月二五日(金)　曇り　今日も荷作りの支度に日を費やす。近頃、新聞に出ている暗殺団というのは、いわゆる芋づる式に関係者が限りもなく挙がって来る。夜は村の人達が送別会を開いてくれたので、帰って来て日記を付けている今は一一時半。

三月二六日(土)　晴　朝六時にはもう目が覚める。荷造りを済ませて、村の人に大針(集落)まで背負って貰う。昼食を過ごしてから、厄介になった家に暇乞いをして帰る。子供たちが村はずれまで送ってくれる。家に着いたら、もう黄昏だ。


こうして秀一の大平分教場におけるたった一年間だけの教師生活が終わりを告げた。村の青年たちへのローマ字学習などに精一杯取り組んできた秀一だったが、何ら報われることなく、ここを去らざるを得なかった。

泉流寺に帰って来ても、秀一は落ち着かなかった。谷崎論の執筆をしたり、新しく創刊された月刊雑誌の『レーニン研究』(南北書院)を読んだりしたものの、精神的疲れからか一向に能率が上がらなかった。

さらに奥地の八久和分教場に異動

秀一は、四月一日にあるはずの中等教員採用者の発表をじりじりしながら待った。しかしいくら待てども、吉報は来なかった。秀一が、どうやら教員採用の選に漏れたと察したのは、始業式直前の四月三日のことである。

四月二日(土)　晴　昼までに帰って来て、また昨日の整理の続きをやる。寝るまでに、どうやらこうやら始末をつける。中等教員になれたかどうか父が聞きに行ってくれたが、わからなかったそうだ。夕べお茶を飲んだためかなかなか眠れなかったので、頭がだいぶ疲れている。

中等教員採用の知らせを祈るような気持ちで待っているため、眠りが浅い様子がみてとれる。

四月三日(日)　晴　中等教員になれたとすれば知らせが来ていそうなものと思って郵便局へ行ったが駄目。新聞にも出ていない。四時頃出かけて暗くなってから本校について泊まる。宿直は岡部さんがしている。

遂に採用一八人枠には入らなかったものと諦めた秀一は、四月四日、まだ雪深い山道を三時間半かけて歩いて、ようやく大泉小学校八久和分教場に辿り着いた。しかしその心境は暗いものがあった。

四月四日(月)　曇り　やはり自分の家でないと、ゆっくり眠れないと見える。昼まで居て昼食を食べると、いよいよ八久和へ来る。「なるようになれ」と思っている。実に三時間半歩かなければならないとは呆れたものだ。晩には僕のため歓送迎会。

四月五日(火)　晴　初めてここ（八久和分教場）に一夜を過ごす。入学式だけでお終い。…

……中等教員になんか成れようがなれまいが、ここを抜け出してしまおうか、とも考えてみる。

八久和分教場は、本校のある上田沢から東南方向に一〇キロほど離れた山奥にあった。しかも八久和へ行くためには、六〇〇メートルもの高い峠を越えなければならなかった。したがって子供たちにとってはとても本校に通学することは不可能で、六年生まで一貫してこの分教場で学んだ。

現在ではこの八久和集落は、八久和ダムの水底に埋没してしまっているが、そもそもこの八久和集落は現代の秘境に近いものがあった。

ところで、かつて八久和集落があった場所、すなわち現在の八久和ダムに行くにはどうすればよいかだが、まず鶴岡市中心街地から赤川に沿って国道一一二号線を南下する。道の駅月山を過ぎると梵字川ダムに続いて月山ダムが現われる。この月山ダムは国土建設省直轄の多目的ダムで、二〇〇一年（平成一三年）に完成した。赤川水系で最も新しいダムである。

大橋を渡り、ノコト沢トンネルをくぐると、八久和ダムへとつながる八久和林道がある。ただしこの道は舗装などもちろんのこと満足な手入れなどされていない。かつて八久和渓谷と呼ばれ名勝を謳われたというが、今では草が繁茂して人の行く手を阻む。このため大鳥川こと赤川本流沿いの山形県道三四九号、鶴岡村上線から八久和峠を越えるルートが、八久和ダムへ至る唯一のルートとなっている。歩いて行くしかない。

四月七日(木)　晴　授業を一時間やって本校へ出かける。新しい教員と古い教員の歓送迎会だ。会が終わってから家へ来る。着いたら八時、家の人達はもう床に入っている。八久和なんて嫌だと駄々をこねたら、我慢するようと諭された。

四月一一日(月)　晴　……青年の一人が来て、R(ローマ字)習いたい人が一〇人ほどいたから教えて貰いたいという。大変寂しい日だ。こういう山中はどうしたって好きになれない。

四月一三日(水)　曇り、寒い　……この一週間はとても長い一週間だ。誇張でなしに、ここへ来てもう半年も過ぎたような気持がしてならない」

四月一八日(月)　曇り、風が強い　恐ろしく寒い寝室だ。新聞によると大阪で「赤い放送」というのがあったと。米がいよいよなくなって借りに行く。夜は青年が集まって弁論会をし、僕にも出てくれと云う。大平に居る時は、それほどとも思わなかったが、こんな所に居なければならないことが、よくよく嫌になってしまう。

秀一にとって八久和は、この世から隔絶した感じがした。

五月一三日(金)　雨　天気が良ければ遠足をするはずであったが、雨で駄目。夜は青年が来て演説会を開く。何という平凡で単調な日ばかりが打ち続く事だろう！　まるで進歩というものが、どこかへ吹っ飛んでしまったかのように、毎日毎日同じことのみ繰り返されて行くのだ。

五月二一日(土) 職員会だから八時一五分まで来いと言われているので、五時に起きる。夕べ寝る時是非五時に起きなければならないと思って寝たので、何度も目が覚め、お陰で起きてから、頭の痛むことおびただしい。今はいつもの通り不愉快。

当時、山村の教師たちは皆和服に袴を着けていた。それなのに秀一ときたら、長髪をして洋服を着て眼鏡をかけており、それだけに八久和の人々には、これまでお目にかかったこともないような随分ハイカラな青年教師と映った。

六月一七日(金) 曇り 今日から五月休みに入るのだが、昨日は気が向かなくて帰らなかったから、今日昼から家へ帰る。途中ちらちらと雨がやってくる。本校へ寄ったが、月給は前の月のうちから一〇円貰っただけ。

当時の秀一の月俸は三五円である。それにもかかわらず前月から貰った月給はたった一〇円だけというのだから、あまりにも酷いものがある。

七月二六日(火) 晴 職員会。六月と七月の月給が渡る筈の所、わずか五円か七円しか入らないので、皆憤慨する。九時までかかっても良い知恵が出ない。何分「猫のような従順さ」をその性質とする教員だから、断然たる措置などはとれる筈がない。結局この月は六月分が入れば良い方だろう。

八月六日(土)　曇り　月給を貰いに収入役に行ったが、奥さんから一〇円借りて来る。これで六月分の月給が一五円だけは入った訳だが、これぱっかりではどうにもならない。

次の記述は、秀一の仏教観を知る上で大事である。

八月一三日(土)　晴れ　盆なので、掃除の手伝いをする。盆だと言っても何の喜びも感じない。墓参りなんて実に馬鹿馬鹿しいけれども義理でしなければならない。仏様を拝むことだってそうだ。親父なんかになると別に有難くて、これでなければならないとて、仏教を信じているのではないらしい。飯の種だという事が大切な事らしい。僕はそれほどでもない。

秀一は、葬式仏教に対しては非常に冷めた見方をしている。

八月一四日(日)　晴　近頃のうち最も暑い日だ。……家に居てもつまらないから、鶴岡座で『上海』を観る。あまり感心した映画とは言いにくい。殊に筋さえわからないところがあるのは困りものだ。「君が代」を聞いて　大河内の主人公が改心するなどは、反動的だと言わなければならない。出てから氷を食べて、お湯に入って戻ってきたら五時四五分だが、手伝いの人たちはまだいる。

今日では、この邦画『上海』がいかなる内容のものだったかを知ることは出来ないが、いずれにしても秀一は、上海での紛争に関して疑念を持っていた。

その後秀一は夏休みの後半を、原稿の執筆や、「庄内語」に関する本や、仙台ローマ字会から送られて来た『国字論批判』や『読書評』を読んだりして、泉流寺でのんびり過ごした。

八月末となれば、いよいよ夏休みも終わりである。

八月二八日(日)　晴　休みも終えるので八久和に来る。長い山道を歩かなければならないので、今さらのように憂鬱になる。来たらもう暗い。疲れていたので、間もなく床に入る。

八月二九日(月)　晴　かなりの暑さだ。やっぱり夏だ。郵便物がどっさり着く。スウェーデンから絵と写真が来る。絵はローマ字世界の口絵に出すと良さそうだ。方言について書かなければならないので、まずほとんど一日を材料の整理に費やす。このくらい努力してかかれば、まず相当なものは出来るだろう。

治安維持法違反で逮捕

八月三〇日、突然秀一の所に巡査がやって来て、社会主義活動との関係を遠回しに訊ねていった。一方秀一は巡査の訪問の重大性に気づくことなく、方言研究の執筆に集中した。

八月三〇日(火)　曇り　巡査が来て、郷土文化とかの運動が関係がありやしないかと、カマをかけながら訊ねる。原稿を書きはじめ、一九枚まで書き続ける。昼寝が出来なかったので、気分は良くない。

九月一日(木)　雨　雑誌『山形県教育』が着く。僕の文章が出ている。校正刷りの第一回分も来た。だいぶ間違いがある。雨が降りかけたが十分降らないためか、かなり蒸し暑い。校長の手紙が昨日来たが、いつものことながら露骨な反動ぶりを見せて、九月の初めはナントカ週間だから、要するに精神を先んじるというようなことを云って寄越している。癪に触ってしようがない。

九月四日(日)　曇り　火曜に職員会議があるというから、明日休むつもりで授業をする。

九月六日(火)　職員会。昼から校長に呼ばれて、満六時間というもの説教をされる。つまり思想がいけないというのだ。八久和に行って、ガサをやって来たともいう。クビを切るとも脅かす。T(塚田正義・倉沢分教場教諭)と交際するな、とも言う。誓約書を書いて一応はケリが着いたようなものの、後で何が出来るものやら、とんと見当がつかない。雨のため本校に泊まる。

九月七日(水)　曇り　朝こっ早くポリが来た。奴もガサ入れをやってきたというのだ。何という迂闊なことだったろう。どうも奴の態度ははっきりしないが、あるいは警察まで持ち出すつもりかもしれない。校長からも説教の続きを聞かされる。こういろいろなことが持ち上がっても、割合冷静でいられるのは、どういうわけだろう。

秀一は九月六日の火曜日に職員会があるということから四日の日曜日に授業をしてから、五日を代休にして泉流寺に帰った。そして六日は実家からまっすぐ本校に登校したが、ところがその隙を狙って、校長が八久和分教場に赴いて、秀一の読んでいる本やノートはもちろんのこと、原稿や手紙類に至るまで、周到に調べたのだった。

九月一一日は日曜日だった。秀一は鶴岡の街に出て、塚田正義と三浦鉄太郎の二人に手紙を出した。秀一としては同じ学校の同僚に対する連絡を、官憲の目をかいくぐるために、わざわざ鶴岡市内の郵便局から出さなければならなかった。

九月一一日(日)　晴　午後には鶴岡に出かける。M(三浦鉄太郎)はこれから二〇日ぐらい留守にすると言っていた。どこへ行くのかは聞かない。鶴岡の郵便局からO(大泉)村とMi(三浦)とTu(塚田)とに郵便を出す。そんなに遠くから出すことは馬鹿げているのだが、当分仕方のないことだ。謄写版は買おうと思ったが、M(三浦)の話では絹張りでなくとも間に合うというから見合わせる。

このように秀一が、プロレタリア文学の発行に情熱を傾けていく様子が記述されている。

九月一二日（月）　曇り　朝帰って来る。『プロレタリア文学』が八〇ページばかりとは情けない。敵階級の攻撃と読み手が金を払わないためだろう。松井氏からハガキだ。スタンプは、鶴岡となっている。汽車の中で書いたのだ。謄写版はＭ（三浦）君から聞いたようにしてやったら、今あるので結構間にあう。ただ書き方と刷り方をもっと研究する必要がある。

そして九月一三日早朝、秀一は同僚の三浦鉄太郎、塚田正義と一緒に検挙された。

九月一三日から一八日にかけての秀一日記には、生活が記載されておらず、既述した石川啄木の詩集『呼子と口笛』の「はてしなき議論の後」の一篇が、ローマ字で書き込まれていた。

秀一の検挙は、鶴岡警察署の平田次席警部、日向司法主任、小田特高主任が、県特高課の大井警部補の応援を受けて行われた。

地元紙の『荘内新報』は、一六日付で「東部大泉校分教場から、赤化教員三名検挙、ローマ字研究を名に文化闘争の、左傾サークルを結成」と大見出しで報じた。

東京朝日新聞山形版も、『荘内新報』と似たような見出しで報じたが、さらに、今回秀一と塚田を解職した理由について山形県学務部長は、「二人とも代用教員ですが、一二日付で解職させました。赤化の程度ははっきりわかりませんが、兎に角教育家として不適格と認め辞めて貰ったわけです」という談話を掲載した。

秀一逮捕を批判する新聞論調

ところが九月一七日になると、各種新聞の論調が変化してくる。

「吉村鶴岡署長は極秘に付し語らざるも、同村にはローマ字研究会なるものありて会員五〇余名を有し、斎藤は同研究会よりローマ字機関誌なるガリ版の雑誌を発行しているもので、今回の事件の内容はほとんど問題にならぬものらしく、単に斎藤秀一、塚田正義は常に文化闘争の研究に耽溺しつつあるに過ぎず、具体的運動の形跡は更に認めないと云うので、大山鳴動の感あるものと見られている」（一七日付『荘内新報』）

「斎藤は東京駒澤大学出身の秀才である。同村は庄内地方でも最も辺鄙な山の中にあって、教員に対する俸給もしばしば支払わなかった事実があり、こうしたことがこれら教員の左翼転向に遠い原因をなしているのではないかとみられる」（『朝日新聞山形版』）

検挙された秀一たちに対する記事内容が、少しずつ同情に変化した。各紙を総合すると検挙の理由としては、次の三つに集約することが出来た。

（1）大泉村にローマ字会を組織して、機関誌『きかんしゃ』を発行し、それを同志に配布して秘密会合を開いていた。
(2)ローマ字研究の名のもとに、左翼サークルを作って同村の青年たちを集めて、文化闘争を目的とする赤化教育を行った。
(3)演劇オリンピヤードに参加するため、モスクワに派遣される池田勇作の後援基金の応募を、鶴岡文化クラブに申し込んだ。
秀一の逮捕から一週間ほど経った九月一八日になると、『荘内新報』は、今回の秀一らの逮捕が不当逮捕だったと批判する内容の記事を掲載するようになった。

「殊更部下を陥れ、校長自ら家宅捜索、驚くべき背徳越権の行為、U大泉校長（上野元三郎）の狂態」と見出しをつけて、部下の教員を権力側に売り渡した校長の卑劣な行為として、厳しく批判した。それによれば秀一は文化活動を行ったに過ぎず、反体制の共産主義運動を行ったという形跡がない。それにもかかわらず、職員会の名の下に全教員を本校に集め、その隙に校長自らが、秀一の留守宅に侵入して、警察といえども家人の承諾を得なければ執行することが出来ない家宅捜索を強行し、親展書類などを県学務課に提出した行為は極めて軽率であったと厳しく糾弾し、さらにこの校長が、「八栄島《やえじま》、広瀬小時代醜聞紛々たるエロ教員であり」、このような校長を不埒《ふらち》として批判しないことを問題視する記事を掲載した。

新聞によると、秀一からローマ字を教えてもらった村の青年二〇人近くも取り調べや聞き取りを受けた。当時八久和分教場において農業補助学校の生徒として秀一に教えられていた佐藤勘次郎と、分教場の一年生だった同夫人のあさ子の証言によると、九月一一日の夜、突然刑事四人がやって来て、秀一が何を教えていたかを聞き出され、ノートを見せるように言われた。

また勘次郎によると、秀一の後任が決まるまで時々校長が分教場に来て教えていたが、「斎藤先生はアカだったようだ」とおおっぴらに語っていた。

当時秀一の教え子だった鈴木すへよは、「熱心なセンセだったたなや。ローマ字を教えてくれたのは忘れられない。鶴とか手毬の折り紙も習った」と回想している。当時分教場の五年生だった桜井末治も、「斎藤先生は共産党で、そのため引っ張って行かれたのだ」と、村人が噂し合っていたことを覚えていた。

釈放されるも二度目の逮捕

三浦鉄太郎は翌日釈放され、秀一と塚田も一八日釈放された。

九月一九日付の秀一の日記には、次のように記されている。

九月一九日(月)　晴　外を歩いてもめっきり秋めいてきた。昼前川原村まで届いていた荷物を母と取りに行く。これで始末はひとまず終わったわけだ。昼から鶴岡へ出かけて行ったが、T（塚田）氏は昨日どこかへ行っていないそうである。

川原村というのは、泉流寺のすぐ西側にある村のことで、鶴岡・落合間の街道筋になっていた。八久和にあった荷物が送り返されてきたようである。

九月二〇日(火)　晴　所が変わったことを知らせる手紙を沢山出す。本を整理したら見えないのが六〜七冊あったから（警察に）取られたのかと思っていたら、トラックがつけ忘れたとて、今日の夕方に届いた。親達はこれから一緒に起きろというが、五時頃に起こされるのは随分辛いことだ。

九月二二日(木)　曇り　育英会と菊沢氏からハガキが来る。菊沢氏には僕らの噂が聞こえたと見える。どうも気を落ち着けて勉強する気持にはなれない。具合はあまり良くない。とにかく寝る。塚田はどこへ行ったやら音沙汰がない。

秀一と一緒に解雇された塚田正義は、当初音沙汰がなかったが、ほぼ一ヶ月ぐらい過ぎて、既に置賜の実家に帰ったという便りを貰った。その後秀一は、塚田が南米のブラジルに渡ったことを伝え聞く。

九月二四日(土)　曇り　六時に起きたので眠い。昨日散らかった跡をみんなで掃除する。昼寝は二時間余り。三森氏から便りがある。『山形国民新聞』にも事件の真相が出ていると伝えている。問題の『荘内新報』も持って来てくれた人があったので手に入った。

九月二五日(日)　晴　『レーニン選集』が来た。差出人の名前の書き方などから察して、この本もどうやら狙われているらしい。Kと会う約束がであったが、父が自転車を持って行ってしまったので、行くことが出来ない。新聞によると、この二二日田丸博士が亡くなったという。随分前から体は弱かったらしいが、ローマ字のために惜しいことだ。

当時禁書に近かった『レーニン選集』の送り主が、偽名を使ったのだろうか…。

九月二八日(水)　曇り　また生活にようやく型が出来てきて、だらけ始める。勉強にも本当には身が入らない。昼から醤油に使う材料を買いにやられたが、そのついでに希望閣へ金を払う。もっとも『レーニン選集』の次の配本がいつ出る事やら見当がつかないが、金の集まりが悪ければ、それだけ遅れるから、早く送った方が良いのだ。

九月二九日(木)　曇り　やっと方言に関する研究の材料の整理がついたので、原稿用紙に書きはじめる。一日かかって一五枚を書き上げる。題して「庄内方言における長音」という。三森氏からハガキ、「名誉棄損の訴え」をするようにと勧めてきたのだ。今日あたりS氏に出した手紙が着いたはず。彼はあれを読んで何と思っているだろう。

九月三〇日(金)　曇り　まとめた原稿を今日郵便で出す。そうして今度はまた「庄内地方における母音」という標題で書くべく支度に取り掛かる。評論などを書き上げるよりも、結局この方が楽だ。夜、次郎作とシンスケのだだ(父親)がやってきて、僕のため善後策を図るべく相談を持ちかけてくれた。一一時半にその人たちが戻る。

こうして秀一の「庄内方言における長音」の執筆は、検挙という最悪事態に見舞われた九月にようやく終わりを告げることが出来た。

一〇月に入った。

一〇月一日(土)　曇り　夕べ遅く寝たため誰も起こさなかったので、九時まで寝てしまう。昨日から始まった方言の研究を続ける。字引を見ながら予め決まった条件にあう言葉はないかと探すのだ。これを一日続けたら眼が痛くなった。東京府の学務課から身体検査証を出せと言ってくる。一度出したのに、またこんなこと言ってくることは妙だが、とにかく出そう。

秀一が特高の眼を恐れているのがわかる。

一〇月二日(日)　晴　今日は一日家に引き籠っている。『山形県教育』と『読書評』とが着く。前の雑誌には「庄内方言の特徴について」が載っているが、ほんのわずかしか出ていない。今日も字引を繰りながら言葉ひろいをする。この一日から、いよいよ大東京市とかが実現したとして、新聞は鐘と太鼓で大騒ぎをしている」

一〇月一三日(木)　晴　昼からは『県教育』に出す原稿を書き直す。ずっと前、九月の初めに一度書いておいたのだが、書き直してみると見違えるほど原稿の様子が違ってくる。昼ごろ小田が来て、かつて取りに行った時貰えなかった品物を持って来た。温情主義で僕を教育して行こうという肚らしい。

ここに名前が出て来る小田とは、秀一を逮捕した際の鶴岡署の小田特高主任であった。秀一は警戒しながら小田に対処した。

一〇月一六日(日)　雨　三浦からハガキが来たが、実にうまくない事を告げている。工藤は荒沢の主任になったが三浦は冬期分教場の教員さえも望みがなさそうだというのだ。

一一月一四日、秀一は二度目の検挙を受けることになった。その理由としては、プロレタリア作家同盟山形支部鶴岡地区委員会に出入りしたこと、およびその支部長兼教育部長に推薦されたということであった。

一二月になると、秀一は『赤旗』や『無産青年』などの左翼文書を配布した廉によって、三度目の逮捕となった。

暗号化された秀一の日記

一九一四年（大正三年）から一九一八年（大正七年）まで四年もの長期にわたって戦われた第一次世界大戦では、動員兵力六〇〇〇万人、戦死者九〇〇〇万人、負傷者二〇〇〇万人といわれ、有史以来最も悲惨な戦争になった。人類は二度とこうした悲劇を繰り返すまいと誓った。

戦後は国際連盟が創設され、ワシントン、ジュネーブ、ロンドンで国際軍縮会議が開かれた。一九二八年には不戦条約も締結された。

こうしたベルサイユ講和条約後の国際協調体制は一九三〇年頃まで続くが、一九三〇年代後半になると、国際情勢に悪化の兆しが表れるようになった。

第一次世界大戦後の国際間の緊張と軋轢は、いわゆる「持てる国」と「持たざる国」の間で発生した。一九二九年米国で発生した経済恐慌は、たちまちのうちに世界経済に波及した。各列強は自給自足の排他的なブロック経済を採るようになった。

「持てる国」の米国は、ルーズヴェルト大統領によるニューディール政策によって経済復興の実現を見たが、大戦の負債を抱えていたドイツやイタリア、そして日本の「持たざる国」は、現状の世界秩序に対して非常な不満を抱くとともに、新秩序を要求し始めた。ドイツ、イタリア、日本の三国は「枢軸陣営」を結成し、軍備を充実し、現状打破、世界秩序改変への道を進むようになる。

一方ロシアにおいては、革命政権が権力を奪取してソヴィエト連邦を結成し、社会主義国家の建設に向かって、独自の経済体制を形成した。

このように第一次世界大戦後の国際関係は、従来の国家的利害問題の他に、共産主義とファシズム・ナチズムが入り乱れて、複雑な様相を呈することになった。

一九三三年（昭和八年）一月一日、日中両軍は山海関で衝突した。一月三〇日、ドイツではヒトラーが内閣を樹立した。

山形県鶴岡市郊外で一九三三年の元旦を迎えた秀一は、その日の日記に次のように記した。


一九三八年（昭和八年）一月一日（月）　晴れ後雨　朝雑煮を食べたことと年賀状を来たことを除いて、少しも正月らしい出来事がない。……一体正月は御目でたいものということに昔から決まっているし、世間の人々はめでたいと言い、また本当にそうであるかのような顔をしているが、子供は別として本当におめでたいと心から考える事の出来る人は、実際何人いるだろう。正月、それはいよいよ増して行く大衆の苦しみへの一里塚ではないのか！


まだ門松も取れない一月六日のこと、危険人物として、かねて特高にマークされていた秀一は、突然警察官の訪問を受けた。そこで勝手に日記や出納簿を持って行かれたことを知った秀一は、彼らに読まれて悪い所を「暗号化」して記述している。

秀一の日記には、「暗号化」された文章が何か所かある。この日記の解読という大変骨の折れる作業を行ったのが、山形大学の石島庸男・智子ご夫妻であった。石島庸男氏は次のように述べている（『日本教育史往来』第八五三号、一九九三年八月）。

「山形県国民教育研究所『谷間に輝く星―斎藤秀一』という小冊子の題名も定かでなかっ

たが、教育研究班でたった一回関係者に集まってもらい、座談会をした。……その後、……この仕事の続きとして強引に秀一の『日記』を訳した。訳したと言うのは、記憶の限りローマ字、英・独・仏・エスペラント、読みにくい筆記体に加え、暗号文まであったからだ。これらの日記は全部わかっていないが、残った一部は秀一の母が特高の目をかすめて隠したからとも想い起す。残った資料は、まだしっかり誰もまとめきっていないようだ。とはいうものの、全文訳しきれていないまま十余年経っている」

これは筆者の推測だが、秀一の暗号は、所謂「換字暗号」を使っていたものと思う。例えば「a→w、b→z、c→z」とするやり方である。日記の内容を特高や他人に読み取られないようにすればよいだから、コードブックなどは要らないわけで、彼自身の頭の中に換字の方式がちゃんと整理されていればよかったわけである。

その日記を解読すれば次のようになった。

一月六日(金)　曇り　昼少し前に村のポリが来て、マルクスと……持って行かれたから、二度も取りに行ってもさらに行方が分からないと言われ

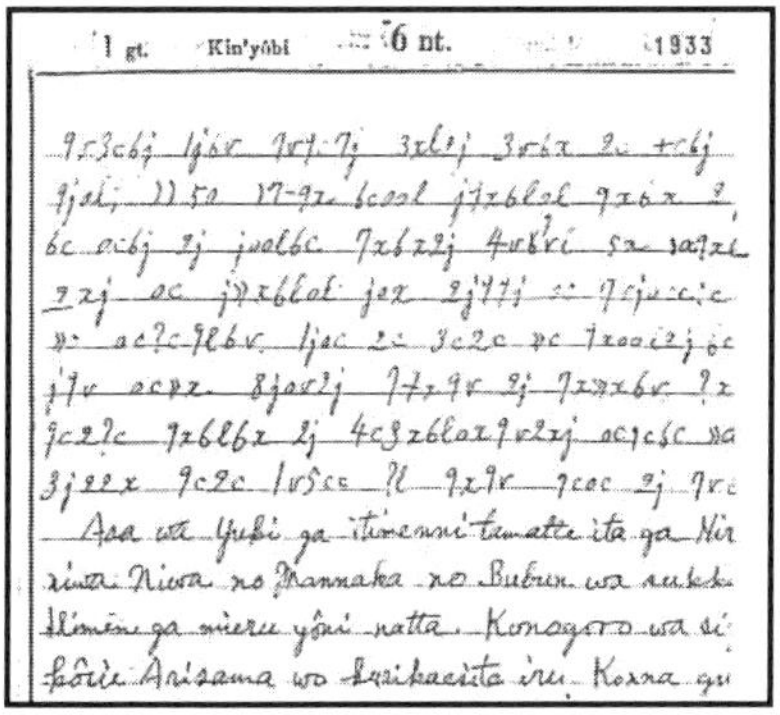
1 gt.　Kin'yôbi　6 nt.　1933

暗号で書かれた日記
上の8行が暗号、その下はローマ字
（鶴岡市郷土資料館）

ていた日記と出納帳とを届ける。他人の物を勝手に持って行くとは、実に癪に障る。だから今度は彼らに読まれたくない所は、皆この符号で書くことにする。夕べは電気工学研究所宛の手紙を書いた。この地方に、もしそれの組織があれば加わりたいし、もしなければ作りたいと言う事を知らせて、そこの教えを仰ぐためである。

一月九日付の日記に、また「暗号」で綴られた箇所が出てくる。

人民革命の人民が実によく分かる。これは具体的には、労働者と農民とを意味するのだ。そして日本やロシアのような軍事的警察的な専制主義的な国家にあっては、プロレタリア革命とのまえあきとして……『鉄の人』は『レーニン』の言葉を前置きとして是非とも必要なのだ。

一月一四日の日記にも、「暗号化」された部分があった。

ところが今日の新聞によると、彼は中野で捕えられたという。何でも去年マルクスの資本論評論を改造社から出したのを最後として合法舞台から姿を隠して働いていたが、今後は中野のある絵描きの家庭で捕まったとか。支配階級の恥知らずな暴圧は、いよいよ整ってゆく。

一月一七日付の日記にも「暗号」部分が出てくる。

地主書店を訪ね、それから牧本を訪ねた主な目的は、先頃の集まりに出られなかったので、それの有様を聞くため、行ってみたら、僕に酒田の消費組合で働いてくれないかという。僕は勿論賛成である旨を述べた。家に帰って父の意見を聞かなければならないと答えておいた。ところが帰って聞いてみると、父はそれには大反対で、二時間ばかり議論をしたが、どうしても彼を説き伏せることは出来なかった。

一月一八日、秀一がまだ寝ているうちに警官の来訪を受け、「警察に来い！」と言われた。

一月一八日(水)　吹雪き　……僕はこれを聞いてゾッとするくらい不愉快になる。今日共産党事件の記事が解禁になる筈だから、恐らくそのことについての用事があるのだろう。たぶん僕らを集めて、所長が訓示でもするのじゃなかろうかぐらい軽く考えて出かける。これから半月もの間警察に留め置かれるであろうなどとは思い及ばなかった。

行ってみたら検束するんだと言う。そして調べるのは佐藤警部だが、今日は記事解禁の用事で来られないから、明日来る筈だと言う。この吹雪を冒してテクテクついて来たのに、そう言われては、まったく腹が立った。後でわかったことだが、解禁を知られたり、記事を読まれたりしては困ると考えたのだ。だがそんなことならば、どちらも既に分かっていたのだ。

秀一の検束の模様は、一月一九日付の日記に「暗号化」されて記されている。

雪　昼ごろ山形から来て、取り調べを始める。僕を呼んだのは、多分記事解禁についてだろうと思っていたところ、見当は見事外れて、ハタのネタが上がったのである。東京のオカが挙げられて、そこから飛び火して来たのであることは明らかだ。

僕は日本ブルジョワジーの番犬の一人、かの憎むべき佐藤のテロを味わわなければならなかった。幇間的な小田の野郎が止め役だ。みんな芝居にすぎないことは、言うまでもない。僕はこの恨みの日をおそらく死ぬまで忘れないであろう。

夜池田が来ているのを見た。後で知れた所によると地主も連れて来られたらしい。みんなその晩のうちに返されたらしい。

秀一は半月間の検束中、激しい拷問を受けたようである。一月一八日以降の日記には、取り調べの有様を、思い出しながら書きつけた。

二月一日釈放の予定だったが、署長が許可を与えないまま帰宅したため、もう一晩留め置かれることになった。

二月一日(水)　雪　今日出られることになっていたので、今出すか今出すかと待っていたが、とうとう待ちぼうけを食ってしまう。夕方もう暗くなる頃山口が来て、今日は都合で駄目だから、明日にすると言ってくる。後で聞いてみると、父が迎えに来てくれたのだけれども、小使室で待っているうちに、署長が帰って行ったため、父には県の方から電話があって、もう一つ取り調べなければならないことが出来たからなどと、いい加減なことを言って帰らしたのだそうだ。そういう訳で、もう一晩別荘（留置場）に泊まっていくことになる。こういう所に二、三日暮らすと、あまり苦しみを感じなくなってしまうものだ。刑務所で暮らすなんて大して苦しいものじゃないと言う人があるが、それは本当だろう。とにかく外で想像するほど、そんなに苦しいものではない事は間違いないだろう。

二月二日(木)　曇り　夕方呼び出されて署長の説教を一席聞かされる。本当はまだ出さなくても良いんだが、［暗号化］「親父が付いているので、思う通りの所をみんな尋ねる事は出来なかったが、……を返すことを口実にして地主君を訪ね、お礼を言い、方々みんなに宜しく言ってくれるように頼む」。取り調べも済んだし、長く置くのも気の毒だから、署長が保証して特別に出してくれるんだそうだ。後で聞いてみると一昨日山口が来て、雑談的に話したことまで、父に話してあるのだ。例えば釈放まで一五日ぐらいと言った言葉や悪いことをしたとは思わないと言った言葉など、その他。

家へ帰ったら、おばあさんも来ている。僕の辛いのは家へ帰ってからだ。これは僕一人に限らず、別荘（留置場）を訪れた人はみな同じらしい。

二月三日(金)　曇り　とうとう家へ帰った。一六日ぶりだ。父母が僕のことを、僕自らの二倍も三倍も心配しているので、困りもすれば気の毒でもある。はっきりした見通しさえつけば、少しばかりの生贄も忍ばれるはずだし、五年や一〇年は待たれる訳だが、彼らにはそれがないのだから、ただ心が痛むのもまた止むを得ないことだ。

秀一にすれば、五年や一〇年耐えれば何とか将来希望が見通せるという状況でないことが悲しかった。

二月四日付『鶴岡日報』は、秀一が父秀苗の保証によって釈放されたと報じた。

「過般検挙された全国共産党事件に連座した東田川郡山添村東荒屋斎藤秀一(26)は、鶴岡署管内で最も有力な嫌疑者として、同署に留置の上、県特高課員が厳重に取り調べていたが、去る二日取り調べ一段落を告げたので、一件書類送検と共に、同人実父泉流寺住職斎藤秀苗を呼び出し、吉村署長が秀一を訓戒し、身柄を前記実父に保証せしめ、一まず釈放した」

二月四日(土)　曇り　今日も朝親たちの説教を聞かせられる。これが一番の苦手だ。『鶴岡日報』にまた僕のことが出ている。新聞はどうしてこうも人の迷惑になる様な事柄を大げさに書きたてるのかわからない。これではどのくらい多くの人が迷惑をしているか判らない。……僕はやっぱり何か一つの技術を覚えた方が良いらしい。今持っているような実用にならない知識では、結局うまいご飯は食べられない。後になって悔やんだとて仕様もないことだが、大学に使う金で何か職業的な教育を受けておいたら、きっともっともっと幸せだったろうと思えてならない。

小学校教師の職を解雇された今、秀一は手に職を付けなかったことを悔やむ。

二月五日(日)　雪　夕べ一〇時前セイスケが来て、僕の今度のことに付いて、いろいろ話して行く。村の連中は随分と悪く評判しているらしい。僕が彼に対して、本当のことばかりを言う訳にもいかず、かなり良心が咎めるような駆け引きをしながら話をしなければならないので苦心した。

二月一四日(火)　雪　落ち着かない日だ。何を見ても頭に入らない。雨が降らないので井戸水が減り、風呂は立てられないし、この雪では入りに行くことも出来ないし、実に困ったことだ。

今日も父の説教だ。どうでもこうでも僕を非難しようと腹を決めておいて、あれやこれやの理屈は後で付けるのだから、どう弁解しても彼の頭には入らないらしいのだ。

新聞では日本の連盟脱退とドイツにおけるヒットラーの支配が最近目覚ましい事柄のようだ。この間までは、この国の評論談では、しきりにヒットラーの凋落論ぜられていたのだが、こうなってみると評論家の言うことも余り当てにはならない。ヒットラーは権力を握るとすぐ共産主義者への弾圧を実行した。今日の新聞にも『ロテ・ファーネ（赤旗）』の発行停止（二週間の）を命じたと出ていた。

それまで新聞掲載を禁じていた「第五次日本共産党検挙事件」が、一月一八日解禁され、全国で実に一五〇〇人が大検挙されたことが明らかになった。その中には、経済学者の大塚金之助や河上肇、東京地方裁判所の尾崎陞《おざきすすむ》判事らがいた。

これら三人については、ともに実質以上に報道機関は取扱い、国民の驚きや怒りを煽っている。……僕なども過重評価される組の一人であるらしい。例え彼らの立場からしても、もう少し冷静に眺めて貰いたいものだ。三人の学者や検事が言っている事や書いたものをよく味わうならば、悪いことなど言っていないし書いてもいない。ただ天皇制国家や特高警察の頭が、ぐんぐん右寄りに狂っていくから、正常な発言も左がかって見えてくる。

記事解禁を受けて『荘内新報』は、この期間山形県では六七人検挙されたこと、うち一〇人内外が起訴されることになるだろうと報じている。

その中で秀一に関しては、次のように報じている。

「全農庄内地方の中心人物竹内丑松は昨年六月頃から共産党東北オルグと連絡を取り、共産党機関紙赤旗並共産運動文書を入手し、鶴岡市高畑町池田勇作(21)、同鶴岡市元曲師町庄司徳太郎(22)、東田川郡山添村大字東荒屋斎藤秀一(26)等に一覧せしめたる事実、なお池田、庄司、斎藤らは文化運動に依り運動の拡大強化を謀りつつあるものとして、同事件は一二月二三日山形地方裁判所検事局に送致した」

教師解雇、プロレタリア文化運動に積極的に関わる

一九三二年（昭和七年）九月、分教場の教師を解雇された秀一は、庄内のプロレタリア文化運動に積極的にかかわるようになる。この年の一一月と一二月、さらに一九三三年（昭和八年）一月六日には四回目の検束を受けた。

秀一に対する警察の監視の眼は、以前にもまして厳しくなった。

明石博隆・松浦総三編『昭和特高弾圧史①知識人に対する弾圧』（大平出版社）には、秀一に関して次のように記載されている。

「中心人物斎藤秀一は、大正一五年頃（駒澤大学在学中）より言語学に趣（興）味を持ち、専らエスペラントの研究に努めつつありしが、その間左翼文献を耽読して共産主義を信奉するに及び、言語運動が無産者解放運動の重要なる一翼を分担し居る所以を知りて、之が実践を企図し、駒澤大学卒業後、昭和七年四月郷里大泉小学校准訓導心得として奉職する

や、直ちに同校上級児童及び同地方青年約六、七〇名を糾合して大泉ローマ字会を組織し、ローマ字教育を通じて会員の左翼的啓蒙に努め、同年一一月頃には日本プロレタリア作家同盟山形支部準備会鶴岡地区委員会に加入し、其の組織部長兼教育調査部長として活躍中、『赤旗』『無菁』『労革』等の非合法出版物を配布して、党の拡大強化に努めたる為、同年一二月検挙せられたるが、起訴猶予処分となりて釈放せらるるや、非合法運動が労多くして其の効果之に伴わざるを悟り、爾来、党、全協、コップ等の非合法組織との連絡を絶ち、専ら唯物史観の立場より深くプロレタリア言語学を研究して、マルクス主義言語理論に対する信念を強むるに至れり」

これまで見てきたように、エスペラント運動それ自体は、マルクス主義や国際共産主義運動とは何ら関係がないものである。当初秀一は純然たる言語学的関心から、ローマ字運動やエスペラントに関心を持っていた。その彼がプロレタリア運動に傾斜したのは、彼が逮捕されるに及んで、天皇制国家の内実に気付いたからなのである。

『言語運動関係治安維持法違反事件の検挙と取り調べ状況』には、冒頭次のように総論されている。

「山形県当局に於いては、予てより東北大学庶務課雇斎藤秀一を中心とする国語国字ローマ字化運動付き鋭意内偵中に在りしが、各種出版物、『国際労農通信』、国内同志との連絡通信関係等子細に検討をしたる結果、巧みに合法を偽装せる共産主義運動の一翼たるの容疑濃厚となりたるを以て、客年一一月一二日斎藤を検挙し、厳重取り調べたる処、本名を中心とする言語運動は、マルクス主義言語運動理論に立脚せる、所謂無産階級解放運動の一翼たるの任務を持つプロレタリア文化運動の一分野としての国語国字のローマ字化運動なる事判明せり」

二月一六日付日記には、母たみえから結婚話を持ち出されたことを書いている。

二月一六日(木)　雪　昼前と夜は『資本論』を読む。根気が続かなくて一息に読み終えることが出来ないとは情けない。僕はどうしてもお終いまで頑張らなければならない。『電気工業』の一五日号を受け取る。今日は丁度郵便屋が入口に出た時に受け取ったので、家に咎められないで済んだのは良かった。なかなか面白い。夕方までに読み終えてしまう。

母からまた結婚話を持ち出される。いろんな口実で断ったが、とにかく今すぐ結婚する意思はないのだ。ただ母からいろんな風に、僕の心を推し測られるのがやや心苦しい。

写真学校への入学を母の口から言いだされる。これを一からうまく導いて、家を飛び出すと共に、もう少し上手に暮らす手立てを講じなければならない。

上記の『電気工業』は、プロレタリア系雑誌の偽装である。母親のたみえは、結婚すれば秀一も少しは落ち着くだろうと思っていた。

二月二七日(月) 雪 ……『キャピタル』(資本論)を相変わらずちびちび読み進める。これは世間の人が想像するほど難しいものではない。もともとこれは労働者に読ませるために書いたと言う事をどこかで読んだような気がするから、あまり難しいものと考えるのは当たらないかも知れない。

　僕が郵便屋の来るのをそわそわして見張っていたと言う事で、母と言い合いの一幕を演ずる。こういうまるで監視付のような不自由で、不愉快な生活にはとても我慢出来ない。ただある事への目的をたっする一つの方便だと思ってちょっとの間我慢しよう。

三月二四日(金) 曇り 夕べは一〇時過ぎ火事が出て、よほど長く燃えていたが、今日聞くと山添の学校だと言う事だったから、校長へ宛てて見舞いの手紙を出す。

三月二六日(日) 曇り どうも勉強が身になじまい日だ。……山添の小学校が焼けたについては、専ら噂が交わされているが、あの日は授与式で飲んで、教頭は酔いつぶれ、宿直番の小林はどこかで飲んで、ずっと後でふらふら戻って来たとか、だいぶ醜態を演じたらしい。そして損害は七五〇〇円と言う。村の人は不平たらたら。

三月二三日夜の山添小学校の火事が教頭と宿直番の火の不始末で起こったと村人が噂してい

る様子が書かれている。

三月二七日(月)　霧雨　……新聞に満州国の軍隊がとうとう関内まで足を入れたと言う事が書かれている。先頃熱河の攻撃の時も、最初は満州国軍の活動のみが報ぜられていたが、間もなく日本の軍隊のみが報ぜられるようになった。今度もああいう行き方かもしれない。例えＭ（満州）の軍隊だけの活動であると仮定しても、その操り手が誰であるかは、あまりにも明らかだ。またランガの地方に独立の機運がはらまれているともあるが、これはあわよくばまたもインチキ国家をでっち上げようとする下ごしらえに違いない。

日本はこの年の二月二三日関東軍は熱河作戦を開始し、二四日国際連盟で日本の満州撤退勧告案を四二対一で採択し、三月二七日日本は国際連盟から脱退した。

国内では、二月二〇日小林多喜二が築地署によって検挙され、二九日虐殺された。

米国では三月四日、ルーズヴェルトが大統領に就任し、ニューディール政策を開始した。こうした日本の行動に対して、秀一ははなはだ懐疑的で醒めている。

三月二八日(火)　曇り　……今度いよいよ連盟を脱退するんだそうだ。でもこれからも世界の平和に尽くす点は変わらないと言いながら、一方では覚悟は良いかと国民に呼びかけているから呆れてしまう。一体何の覚悟だ？

四月一日(土)　晴　……満州国とソビエト同盟との間に東支鉄道のことでいざこざが起きたというし、一方イギリスの大使はモスクワを引き上げたというし、おまけにだんだん春になったので、満州は戦がやり易くなるし……。

四月二日(日)　晴　……『日曜報知』に国民が赤誠を以て進んで寄付した飛行機が一一〇台に上ると言う。そして軍人たちが、国民の熱誠を長々とほめたたえていたが、ここで本当のことは立派な軍用の飛行機が一一〇台も間違いなく出来上がったと言う事だ。それが何人の汗の上に築かれ、誰のためにどう役立ったか？

庄内方言の研究に打ち込む

小学校教師を解雇され、行きどころのない状態にある秀一をかろうじて支えていたのが、言語研究だった。当たり所のない憤懣を胸に秘めながら、秀一は庄内弁の研究に打ち込もうとした。

四月五日(水)　晴　朝から寝るまでかかって『庄内方言における子音の特徴』を一七字詰一一行の原稿用紙に六〇枚ばかり書き始める。一体原稿は書き終えてから直したいところが出て来て汚くなりがちなものだからと思って、今度はよほど準備を整え、一日もかかって下書きをまとめてからかかったのだったが、やはり清書を終えてから、ちょいちょい書き加えるべきことを思い出す。

方言も一向考えなしに用いていると、別に標準語と関係もなかろうと思う。言葉でよく考えてみると、関係の大ありなものがたまたまある。例えば『kobitsigw』と『こげつく』だとか、『dzmbe』とわらしべの『しべ』だとか。

庄内方言を調べてみて、特に感ずる事は、もう少し庄内全体にわたって方言の知識を持ちたいということだ。

四月七日(金)　晴　たいそうよい天気だ。全く近頃は良い天気ばかり続く。それでも辺り一面に雪があるため底冷えがするし、殊に家の中はまだまだ寒い。この模様では、この月の半ば過ぎまでは消えまい。初めて東京から帰った辺りは、いろんな気持が手伝って、雪のあることが頗る頼りなく感じられたものだったが、今やもう無感覚になってしまった。

一方何ら活動をせずに殻に閉じこもっていることに対する息苦しさが感じられる。まったく己の正しいと思うことをおおっぴらに述べたてて活動することが出来ないのみか、あらゆる妨げを以て道を阻まれ、それを乗り越えない有り様ほど腹の立つものは、けだし類まれであろう。

四月八日(土)　晴　新村（出）博士の『東亜語源志』（一九三〇年、岡書院）をひも解（く）。

……一方の論文ではクニウチの資料によって、他の論文ではトツクニの資料によって、同じことを様々な方面から論じているが、彼はあらゆる論文がそうであるように、頗る周到なものである。

これを読んで、自分の報告の内にもハ行音の移り変わりについて書きたくなって、今出来ている報告に書き足す。ところが後で良く考えてみると、僕の報告はハ行音の部分はもっと簡単で良いらしいのだ。

1、ハ行音の庄内における変遷を一つの論文にする為に、

2、ハ行音ばかり詳し過ぎては、他の部分との釣り合いがとれないから。

第８章　薬包紙に綴られた抵抗の詩

友人の石川俊康

孤立無援なこの時期、秀一にとって唯一の友人だったのが石川俊康《いしかわとしやす》だった。この石川は、黒川村大字椿出《つばいで》（現鶴岡市櫛引地区）の曹洞宗見性寺《けんしょうじ》の次男坊であった。秀一とは鶴岡中学の同級生で、東京外国語大学に進学した。石川は大学卒業後荘内銀行に就職したが、同派の寺の息子同士ということもあって、交流が多くなった。

四月九日(日)　晴のち雨　父に言いつかって見性寺の大般若へ行く。石川君がいたので、彼といろんな話をする。主に文芸の話だが、彼も相当さまざまな知識を持っている。酔いが回って来ると雄弁になるのは誰も同じと見える。はじめ明るいうちに戻ってくるつもりだったが、つい興に乗ってあちらを出たのは（深夜）一時近かったろう。家に帰ったらあまり遅いので、（また検挙されたのではないかと）父母が心配して、ちっとも眠らないでいたと言う。母などは、いつもの通り辺りが回るように見える病にとりつかれたと言う。そうしておいて説教やらグチやらわからない様な事を聞かされるんだから、気の毒やら、癪に障るやら……。

四月一四日(金)　晴　一日中家の取り片付けを手伝う。つまらないことから、この間一度、今日一度父と衝突し、すっかり憂鬱になってしまう。心の片隅ではこういう衝突は避けようとすれば避けられるのだと言うし、もう一方の隅では敢えて彼の不合理に従う理由はないと言い張るし。

　あれやこれやの末、母は僕が村の連中に信用が薄いと言う事まで待ちだすのだ。ここから去れと言われれば、いつでも去るだけの覚悟は持ち合わせているつもりだが、僕が信用を失った最も大きな原因は何かと言えば、彼らを含めて「暗号化」人民解放」の為に力を尽くし、ないしは尽くそうとした為ではなかったか？

　僕の誠意が親たちに、親類に、そして村の連中にもわかる時期が必ず来ることを疑るな！　それはただの時期の問題に過ぎないではないか！

四月一五日(土)　雨　家の人が支度の為に忙しい、忙しいと言って大般若が来る。一日その手伝いみたいなことをして過ごす。八郎右衛門の親父が僕の嫁の世話をしてやろうと言い、また役場の帳簿の整理を手伝いに来いともいう。酔った挙句の話だから、どの程度に信用してよいやら判らないが真面目な話だとすると、僕も余り長くどっちつかずにためらって居る事は出来ない。

四月一七日(月)　晴　家に引きこもっているには惜しい天気だ。今日から「庄内方言」における動詞をまとめることにし、まず手帳からけい紙から書き抜く。「ローマ字会」編集部から同人費を四月請求してきたが、どうにもこうにも繰り合わせがつかないで弱る。僕の原稿は枚数の都合で載せられないと言って来た。半ば待ち惚けたことであったが、あまり良い気持ちはしない。

四月一八日(火)　晴　だいぶ暖かくなって、外に出てても愉快だ。軒下や山々に残っている雪さえ見えなければ、も春の半ばの気候だ。こういう雪の多い地方では初春の趣を味わうことは出来ない。

近頃方言調べ熱中してしまって、他の勉強にはまるで手がつかない。方言調べでもいつ熱が冷めるかわからないのだから、こう熱が上がって来た時、大いにやっておくことにしよう。例え熱が下がらないにしても何かの職業に就くとか、何とかして忙しくなれば今のように時間を割くことが出来なくなるし、またこの土地を離れる必要が起きた場合は、たいそう調べにくくなるわけだから。この地方のように調べ手がないと、僕のような方言に興味を持っている者が方言仲間に尊ばれて、なかなか愉快だ。

四月二三日(日)　晴　新聞に平野義太郎が懲役二年、執行猶予何年とかの恩典に浴した。これはこれから学究として生活するとて転向を誓ったからなんだそうだ。

四月二四日(月)　晴　また良い天気だが、二〇日のように暑くない。冬シャツを着ていて丁度良い。父母が留守をして、僕が留守を務める。石川君が間もなく来るようなことを言っていたから、天気も良いし、今日あたり来はしないかと思って部屋を掃除する。ところが来ないでしまったから、張合いがない。最上君と石川君へ手紙を出そうと書いておいたが、郵便屋が来ないので出せないでしまう。今日は郵便で来るはずの新聞だって休みではないはずだし、彼が来ないのは少し奇妙だ。昼からどうも頭が痛い。昼前十分眠ったから寝不足の為ではない。原因がわからない。

五月二〇日(土)　曇り　昼飯を食ってから一時間半草をむしって、それから石川君に遊びに行く。……石川君がちょうどいた。聖書なんかどうしてあんなに感心するんだろうと不思議に思う。彼も本の買えないことをかこっているが、今の僕などよりは多く買っているんじゃなかろうか。金を儲けるにはどうしても商売が一番良いと話した」

六月五日(月)　晴　昼から石川君を訪ねて行ったら、家にいた。めったに外には出ないのだと言う。彼の話は時々抽象的で分かりにくい。例えば「生活と言うものは常にカトリック的だ」などと言う言葉は意味がとれない。

新聞を見ていないのか、滝川事件などよく知らないらしい。で僕が新聞から得た知識をひとくさり弁じやる。

黒川の山には石器が沢山あると言う。彼は三〇〇ほどそれを拾ってあったが、今は人にやってこれしかなくなったと、残っている物を見せてくれた。今でも行けばあると言うから、拾いに連れて行ってくれるよう頼んでくる。

この時期の秀一にとって石川は、気安く付き合うことの出来る唯一の人間だった。

六月六日（月）　晴　文部省の学生課長が滝川教授は要するにマルクス主義者である所以を、相当細かに新聞記者へ発表したと言う。彼が発表したことがもし本当ならば、なるほど滝川教授の学説は、大体唯物史観に立っているもののようだ。だから学生課長の主張は、滝川教授の正しさをいちいち述べているようなもので、結論だけが「わが国古来の良風美俗と相容れないからいけない」と言っているのだ。ところが、明晰な頭の持ち主ならば、学生課長が述べている事だけからでも、まったく反対の結論を引き出すに違いない。

このように秀一は滝川事件に対する文部省幹部の頑迷ぶりを批判している。

悲劇に終わった結婚

秀一に最初に結婚話を持ってきたのは、母方の祖母であった。当時庄内地方の農家では、外孫の嫁の世話は母親の生家でするという習わしがあった。

秀一が縁談話を最初に切り出されたのは、一九三二年（昭和七年）秋頃で、この時秀一は最初の検挙から釈放されたばかりだった。結婚すれば研究の自由が無くなると思っていた秀一としては、縁談に対して断る口実ばかりを探した。両親も含めて秀一の周りの人たちは、結婚をすればおのずと秀一の腰が落ち着くものと考えていた。

檀徒総代の八郎右衛門も、秀一に嫁を世話しようと思っていた一人だった。酔った挙句にや

秀一と於栄
（『吹雪く野づらに』より）

ってきては、秀一に向かって盛んに嫁取りを勧めた。

秀一は一九三三年の日記に、「はっきりさせて、家を飛び出すことも出来るのだが、もしそれまでよほどの期間があるのだとすれば、持久戦に入るわけだから、戦術はなかなか難しい」と記している。

そんな思いでいた秀一が結婚したのは、それから一年後の一九三四年（昭和九年）一一月一四日のことである。

相手は、広瀬村（現鶴岡市羽黒地区）の曹洞宗林高院住職富樫玉宏《とがしぎょくこう》の三女の於英《おえい》だった。於英は秀一より三歳下で、一九一一年（明治四四年）生まれの満二三歳で、七人兄弟の次女だった。

於栄の父玉宏は、黒川小学校で教師をしているうえに、秀一の父親秀苗とは同じ宗派の住職同士という間柄だった。特に於英の兄嫁の紀《のり》は、秀一と親しく付き合いのあった石川俊康の姉で、見性寺の長女だった。このような事情もあって、この縁談話はとんとん拍子に進んだ。

ところが結婚直後から、於英と秀一の両親は折り合いが悪く、長女晴美《はるみ》が誕生したのは一九三六年五月一四日のことであるが、それ以前から既に別居状態にあった。

晴美は於英の実家である林高院で生まれたが、暫くすると泉流寺側からの強い申し入れによって、於英の母親が晴美を泉流寺に連れて来た。

秀一は両親に向かって、「何とか於英も戻して欲しい……」と願ったが叶わなかった。

別居生活になってから於英が秀一に出した一九三六年（昭和一一年）七月二八日消印の手紙には、「もうすっかり親同士の右の条件の事柄は出来てるし、到底願いは叶わないかと思われます。……お盆の仕事が忙しくならぬ暇な時、何処かで待ち合わせ、子供と三人連れで遊ぶことにしましょう。何より何より貴方様の面影は永久に忘れません」と記されていた。「何より何より貴方様の……」と書いた所に、於英の精一杯の愛情が込められていた。

結局秀一と於英が望んだ晴美を囲んでの三人の平和な家庭は、築けないまま終わることになる。秀一が死亡する半月ほど前の一九四〇年（昭和一五年）八月一九日、離縁は成立した。

平成二八年に晴美は満八〇歳となったが、鶴岡市郊外で健在である。

一九三六年から三八年にかけての厖大な研究著作

一九三六年（昭和一一年）から三八年（昭和一三年）一一月一二日、秀一が治安維持法の嫌疑によって山形県特高課に検挙されるまでの数々の研究著作は、次の通りである。

この目録は、現在東北芸術工科大学教授渡部泰山氏の研究に負っている（「斎藤秀一の探求(4)―時代の流れに抗して」『雪国の春』第４号、一九七九年八月）。

〈一九三六年（昭和一一年）〉

①『文字と言語』第八号編集発行、一月「銭玄同先生の印象」（鄭寗人著『LAMONDO（世

界）』二、三号から翻訳）

②『文字と言語』第九号編集発行、四月「雨、傘及び雪の幼な言葉」、「複音節語の創造」（ヒアン著『新文字』、『ローマ字（拉丁化）から翻訳』、『言語発展の図式』（衛綏著『世界語之光』から翻訳）

③「日本ローマ字史」、『言語科学』（七月）

④「エスペラントとローマ字の関係」、『国際語研究』第一六巻。（『言語科学』七月所収）

⑤『支那語ローマ字化の理論』。翻訳編集出版。（七月）「支那語国字改良運動」「方言から統一語へ」（葉籟士）

⑥「支那の新しいローマ字運動」『言語問題』第二巻八・九号。（八・九月）

⑦「漢字と思想」、『ローマ字の日本』（八月）

⑧「山形県山添村の副詞」「マクシム・ゴーリキーをとむらふ」「方言文学とローマ字」（黄郁著『支那語』から翻訳）「東北義勇軍に於ける文字問題」（Wensh 著）『中国語言』から翻訳）『文字と言語』第一〇号編集発行。（一一月）

⑨「文字と病気」、『ローマ字世界』二六巻一二号。（一二月）

⑩「荘内地方における複尾語」、『方言』六巻一二号。（一二月）

⑪日本式ローマ字とエスペラント式ローマ字」、『サルトン』二号。「

〈一九三七年（昭和一二年）〉

①「国語の発展と国民教育を読んで」、『生活学校』二号。（一月）

②『文字と言語』第一一号編集発行。「支那ソヴェート共和国の文字問題」（秀一）、翻訳ー「大衆語について」（魯迅著）「言語革命の指導者を記念して」（阮烽著）「魯迅と支那語のヨミカエ」（徐沫著）「魯迅と言語革命」（湯河著）
③『科学評論』五月号。（五月）「新ロ語文について」
④「LATINIGO（ラティニーゴ）」第一号編集発行。（六月）「日本文学の現状」（秀一著）「支那文字のローマ字化言語革命の必然的過程」（徐沫著）他八編の論文。
⑤「日本における漢字制限」、『語文』七月号。
⑥「国字論者とエスペラントとの提携」、「ローマ字日本後語における支那固有名詞の書き方」、「上海ローマ字運動」、『文字と言語』第一二号編集発行。（九月）（鳥海昇のペンネーム）

〈一九三八年（昭和一三年）〉
①「LATINIGO（ラティニーゴ）」第二号編集発行。
「マライ語のローマ字」（宮武正道著）「印度支那における文字」（ノヴァキン著）「トンキン語の書き方」（デルスタル著）「ソヴィエトのローマ字化運動のあらまし」（イサエフ著）など収納。
②『文字と言語』第一三号編集発行。（五月）「マルをしのぶ」（メシュチャニコフ著、エスペラントから翻訳）「結縄」（之光著『北京新報』の付録『語文』第八号から翻訳）
③「ラテン化運動について」、『中国文学月報』第二四号。（三月）

斎藤秀一研究家である小林司氏は、「言語差別と闘った先駆的エスペランチスト斎藤秀一」(『朝日ジャーナル』第二〇巻五〇号、一九七八年一二月)において、秀一の著作の意義について、「秀一は一九三四年九月から三八年五月までの三年八カ月間に、自分で鉄筆を握って謄写版刷りにした雑誌『文字と言語』を、毎号五〇部ずつ合計一三号発行した。これは言語運動のための雑誌で、毎号五〇頁の薄いものだが、内容は言語理論、方言研究、ローマ字理論、国際語論など多岐にわたっており、寄稿者も平井昌男、石賀修《いしがおさむ》、菊沢季生《きくざわすえお》、鬼頭礼蔵、高木弘、高倉テル、東条操など一流メンバーを揃えて、高いレベルを維持していた。刊行された一三号のうちには、幾つか優れた論文が載っており、中でも秀一の筆によるものは今なお新鮮さを失っていない。

彼が書いたものとしては、『漢字の形と読みとの関係』『外国の地名・人名の呼び方とローマ字書き』『ハ行子音に就いての一考察』などの純粋に言語的な論文の他に、『ソヴェート同盟に於けるローマ字運動』『支那語ローマ字化の正しい理解のために』『ハンガリヤ語の改造者カジンチィ』『ソヴェート同盟に於ける民族政策と言語政策』『文章改革運動起きよ』などの言語運動紹介も多い、と述べている。

さらに小林氏は、第一三号で徴兵拒否者だった石賀修が、「四海同胞思想に立脚するザメンホフのエスペラント運動が、現在日本ではないがしろにされている」と指摘したのに関して、秀一が「石賀さんの論文は特に熟読すべきである。民族と民族の間の不和を無くそうとしたザメンホフの精神が忘れ去られようとしている」と、これに同意していることも指摘している。

この他、一九三五年三月刊行の第四号の新刊紹介に鬼頭礼蔵の「朝鮮語のローマ字化問題に触れて！」に対して秀一が、「台湾に於けるローマ字運動が進展しない理由を総督府の『国語政策』に帰しているのは正しい。……植民地に於けるローマ字運動の成功は、『国語政策』及びその背後にある力（これが一番重要）［帝国主義を指す］の排除のための運動と緊密に結びついた時にのみ成功するであろう」と痛烈に批判していることも指摘する。

台湾、朝鮮、満州など当時の日本政府が推し進めていた言語政策は、現地民族語を滅ぼして日本語を強制的に使わせることであり、このことは一九三二年に建国された満州国でも事情は同じだった。

五族協和という偽善的スローガンの下で、各民族の共通公用語は日本語とされた。

一九三六年四月の第九号の新刊紹介欄で、秀一は、『ローマ字世界』三月号に掲載された高柴金一郎の「弟民族と日本語」に対して、日本の帝国主義的言語政策と絡めて、次のように批判した。


「植民地に於ける日本語教育の能率が上がらないのは主として漢字のせいだから、日本式ローマ字の採用によって、彼らが『母国語を殆ど忘れるほどにわが日本語を注ぎ込まねばならない。一つの民族の言葉を文化的に滅ぼすといふことは、罪悪でも何でもない』と教へる。実に驚くべき言語帝国主義だ！彼らが『日本語を呪ふ』のは、かういふ言語帝国主義への無言の反抗ではないか！　民族語が消え失せて世界中が同じ言葉を使ふやうになる事は大いに結構だ。しかしそれは日本語の『弟民族』（台湾・朝鮮）への押し付けと言うが如き、片手落ちな手立てによって実現されるものではない。世界語の形造りの為には各々の民族が等しい権利を以てこれに馳せ参じ加はらなければならない。要するに高柴氏の主張はローマ字を以て『アジヤの親国になる為』の文化的銃剣にしようとする主張である」

隣国の韓国・中国では、今なお日本の植民政策を強く非難している事を想う時、秀一の思想の先見性を評価せずにはいられない。

東北帝大図書館に勤める

一九三八年（昭和一三年）五月二九日、秀一は東北帝国大学庶務課雇を命ぜられ（月給五三円）、付属図書館勤務となった。

小学校教師を解雇されて以来、秀一は苦しい立場に置かれていた。アカのレッテルをかぶせられた秀一は、定職に就くことはままならなかった。このため本人はもちろんのことながら両親も、檀徒衆や世間に対して肩身の狭い思いをしていた。

そんな時に秀一に就職の世話をしてくれる人が現われた。それは当時東北帝大で庶務課長をしていた世良琢磨という人で、ローマ字運動を通して秀一と親交があった。

滝川事件以来文部省と大学側の抗争は激しくなったが、東北帝大では、一九三六年度の入学合格者に対して「過去の思想問題は問わない」という方針を採った。法学部教授会は文部省の要求を断固撥ねつけ、赤化学生を排除しないことにした。したがって秀一のような、いわゆる赤化職員であっても忌避されるようなことはなかった。

秀一が勤務することになった図書館の館長は、法文学部教授の石原謙（東北大学総長になった石原純の弟）だった。秀一は昼間に図書館の仕事をやりながら、夜間は精力的に「ローマ字クラブ」に原稿を書いた。

九月一八日に発表された「ローマ字運動とその背景」において秀一は、言語学者の松坂忠則が「支那のローマ字運動と共産主義運動とは同一線上にある」と述べたことに対して、「文字と思想の間には必然的な関係はちっともない。一つの文字で民衆を高める著述も出来るし、悪人が人を脅迫する文章も書けるのである。……もし共産主義を宣伝した文字だからやめなければならないという理屈が成り立つとすれば、多分文字はなくなってしまうだろう。難しい文字が、民衆に知識の門を閉ざすことに利益を感ずる専制主義に都合がよくて、たやすい文字が民衆の文化水準を高めようとする合理的精神に添うことは勿論だが、文字と思想の間に直接的なつながりは決してない」と痛烈に批判した。

一九三八年（昭和一三年）一一月二日、秀一は仙台の下宿先に届いた一枚の葉書を見て驚いた。それには父秀苗の筆で、「新助ダダは永らく病気の処、一〇月二九日午後二時半死亡しま

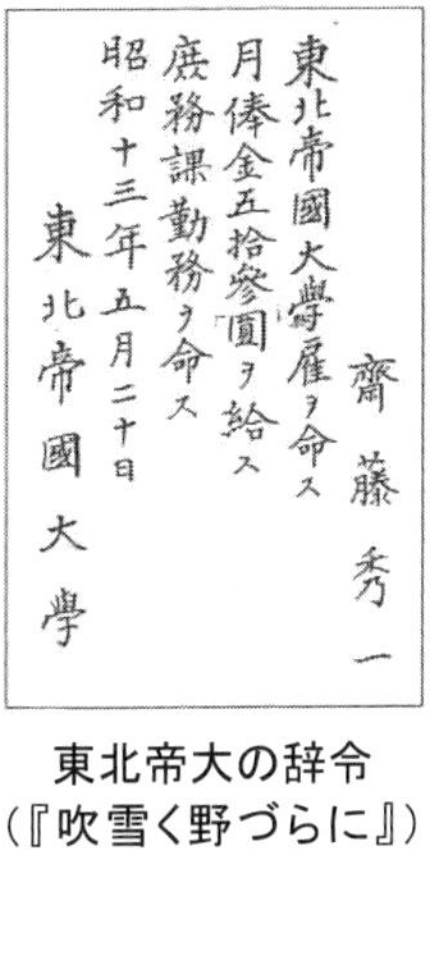
齋藤秀一
東北帝國大學雇ヲ命ス
月俸金五拾參圓ヲ給ス
庶務課勤務ヲ命ス
昭和十三年五月二十日
東北帝國大學

東北帝大の辞令
（『吹雪く野づらに』）

した。当葬儀は一一月七日午後一時執行します。右取り敢えず御知らせ申し上げます」と書かれていた。

ダダとは庄内弁で、「父」のことである。「新助ダダ」とは母たみえの兄のことで、実家の井上家の当主で、秀一にとっては伯父に当たる。秀一は、一一月六日までには泉流寺に帰ってきて、伯父の葬儀の手伝いをした。

治安維持法違反で突然の逮捕

ところが葬儀が終わった一一月一二日のこと、秀一は突然治安維持法違反の廉によって、山形県特高課に検挙された。検挙理由としては、「山形県当局に於いては、予てより東北帝大庶務課雇斎藤秀一を中心とする国語国字ローマ字化運動に付鋭意内偵中に在りしが、各種出版物、『国際労農通信』、国内同志との連絡通信関係等、子細に検討したる結果、巧みに合法を偽装せる共産主義運動の一翼たるの容疑濃厚となりたる」ためとされた。

この検挙によって、秀一は東北帝大を辞めざるをえなくなった。

一九三九年（昭和一四年）四月二四日、秀一は山形地方裁判所に起訴され、予審に付された。そもそも予備審判とは、主にコモン・ローの国で、刑事訴訟における正式の裁判に先立って、当該案件を審理する（起訴する）に足る証拠があるか否かを判断する手続きをいうものだった。同様の性格を持つ手続きに、大陸法系の国々に見られる予審がある。

予備審問が、捜査・訴追機関の提出する証拠によって裁判官などが起訴の当否を判断するのみであるのに対して、予審は、強制捜査権を持つ予審判事が、自ら積極的に証拠を収拾する点において、刑事手続きに対する思想が根本的に異なっていた。

日本の予審制度は、一八八〇年（明治一三年）に制定された治罪法に始まり、刑事訴訟法に受け継がれたが、一九四九年（昭和二四年）の法改正によって廃止された。予備判事というのは、予審を主宰する裁判官のことである。

捜査は第一義的に検事・警察が行うものの、強制処分は裁判官に行わせ、公判に付するか否かを決める局面に至った場合は予審に付し、捜査を「司法化」して、裁判官に公平な立場で検討・判断させるという建前であった。

実際には予審は、裁判官による非公開制度であり、弁護人の関与を一切認めない一種の秘密裁判だった。したがってその頃は、検事と特高の調書がそのまま裁判官が受け入れ、予審に回された被疑者が公判に付された場合には、ほとんどが有罪となった。

公判によって刑務所入りを免れるためには、予審中に「転向宣言」をして、刑の執行猶予をしてもらう以外に保釈の道はなかった。

検挙から起訴されるまでの五カ月間、秀一は留置場などに拘束されながら、厳しい取り調べを受けることになった。

獄中で秀一は、次の短歌を詠んでいる。

「ローマ字を国字にするなど　夢だよと　警部補はいう。自信ありげに
支那にいるローマ字の友と　手を握り　抗日の火を　かき立てよという」

ここにある「警部補」とは、秀一を取り調べた砂田周蔵のことだろうか。

獄中で薬包紙に綴った抵抗の詩

二〇一六年一二月、鶴岡市郷土資料館で鶴岡市史編纂委員の堀司朗氏にお目にかかった際、秀一が獄中で薬包紙に細かい字で書いた一片の詩の現物を見せていただいた。

一九八一年（昭和五六年）以前に、秀一の研究家の小林司氏が泉流寺を訪れた際、物置に残っていた秀一の蔵書を調べていた時に、古びた雑誌の間から偶然、粉薬を包む全部で二〇枚ほどの薬包紙を発見したものだった。その一枚一枚を光にかざしてみると、針金でひっかいたような細かいローマ字で、次のような詩が書かれていた。

薬包紙に書かれた詩
（鶴岡市郷土資料館）

城跡の枯れ木の空の夕焼けを　鉄の窓から眺めやる
鉄窓に頬をくっつけて外見れば　自由な蝶々ひらひら
読み終えた本　また手に取って開いてる
白い菊　冷たい空気の中に開いて
とらわれてもはや一年
ラジオの琴に聴き入る監房の日曜

汲みいれられるお汁
少しでも多かれと見詰めている
僅かばかりの陽だまりに
顔照らされる監房の中
夜になって目つむれば
初めて自分だけの世界
思いのたけ空想の翼広げる楽しい世界（原文ローマ字・小林司訳）

服役中の秀一が看守の目を盗みながら書きつけたものだった。自分の研究に強い信念を持つ秀一は、特高の厳しい弾圧に屈しなかった。秀一が入れられた警察の留置場の壁には、エスペラント語で「非転向」の文字が刻まれていた。

一九四〇年（昭和一五年）四月、秀一は秋田刑務所で服役中、肺結核の病状が悪化したため、自宅療養が許された。そして九月五日午前二時、言語研究家斎藤秀一は腹膜炎を併発して、三二歳の若さでこの世を去った。

あとがき

プロローグにも書いたことだが、拙著は幾つかの偶然が重なり合って生まれた。まず昨年五月刊行した『軍医大尉桑島恕一の悲劇—我上海刑場の露となりしか』が、東京新聞編集委員の吉原康和氏の筆によって「記者推薦図書コーナー」で取り上げられたことがある。

これをお読みになられた名古屋市の曹洞宗龍潭寺御住職の別府良孝師がわざわざ電話をかけられてきて、斎藤秀一について執筆することを強く勧めて下さった。この電話がなかったら、この本は絶対に出来ていなかった。

「桑島恕一の悲劇」を調べてみると、善良な市民が歴史の狭間の中で無残にも犠牲になったことがつぶさにわかった。別府師が勧めて下さった斎藤秀一もたぶん暗い時代の狭間の犠牲者ではないかと、瞬間的に思った。

歴史家にとって、第一次史料がなければ、数十年前のことを紡ぐことは到底できない。

桑島恕一の場合、国立公文書館や国立国会図書館に行って調べても、軍医の恕一が米英兵捕虜を虐待していた証拠となるものはまったく発見出来なかった。

今回は鶴岡市史編纂委員の堀司朗氏のご厚意によって、斎藤秀一の日記の提供を受けること

泉流寺の「斎藤秀一顕彰碑」
（泉流寺提供）

が出来た。これによって、戦前の息苦しい時代で呻吟した秀一を再現できるのではないかと考えた。

東北芸術工科大学教授渡部泰山様、泉流寺ご住職斎藤秀雄様、鈴木良春様、鶴岡書店社長佐藤一雄様、国立公文書館業務利用審査室専門職の新井正紀様、日本エスペラント協会事務局長福田正則様、鶴岡市東京事務所長清田健様、そして今回の出版をお引き受け下さった芙蓉書房出版平澤公裕社長に対して、心から感謝申し上げるものである。

また、昨年一二月初め、大雪の中を、筆者を鶴岡までお送りいただいた、いつも変わらぬ佐々木清彦君の友情に対して御礼申し上げたい。

最後に、別府師は三年前から名古屋で「斎藤秀一師に学ぶ会」を立ち上げ、鶴岡では既に二〇年前から「斎藤秀一を考える会」が顕彰のための地道な努力を重ねてきていることを付記しておきたい。

主要参考文献

伊東三郎『日本エスペラント学事始』理想閣、一九七七年
伊東三郎『エスペラントの父　ザメンフフ』岩波新書、一九五〇年
小林司『ザメンホフ―世界共通語を創ったユダヤ人医師の物語』原書房、二〇〇五年
朝比賀昇『世界をひとつの言葉で―ザメンホフ伝』国土社、一九七一年
高島真『特高Sの時代―山形県社会運動史のプロフィール』新風舎、一九九九年
三宅栄治『闘うエスペランティスト達の軌跡』リベーロイ社、一九九五年、
『EL LA REVUO ORIENTA（第2巻）』財団法人日本エスペラント学会、一九七七年
明石博隆・松浦総三編『昭和特高弾圧史1―知識人に対する弾圧』大平出版社、一九七五年
安田敏明『「国語」の近代史』中公新書、二〇〇六年
山口仲美『日本語の歴史』岩波新書、二〇〇六年
田中克彦『ことばと国家』岩波新書、一九八一年
初芝武美『日本エスペラント運動史』財団法人日本エスペラント学会、一九九八年
池田道正・佐藤幸夫・堀司朗編著『魂の道標へ―池田勇作と郁の軌跡』私家版、二〇〇七年
佐藤治助『吹雪く野づらに』良書センター鶴岡書店、一九九七年
荻野富士夫『特高警察』岩波新書、二〇一二年
佐藤昌明『庄内ワッパ事件』歴史春秋出版、二〇一五年
横山・誉田・伊藤・渡辺『山形県の歴史』山川出版社、一九九八年
横山昭男『最上川と羽州街道』吉川弘文館、二〇〇一年
渡部泰山「斎藤秀一研究ノート（1）～（5）」『ポランの広場』一九八一～一九八六年

渡部泰山「斎藤秀一の探求（1）〜（4）」『北国の春』一九七七〜一九七九年
山形県警察本部『山形県警察史（下）』山形県警察本部、一九六七年
山形県国民教育研究所『谷間に輝く星―斎藤秀一』一九七一年
鶴岡市『鶴岡市史（中）（下）』一九七五年
別府良孝「一五年戦争期の反戦僧侶―斎藤秀一師などの事跡」『東海仏教』（東海印度学仏教学会）六一号、二〇一六年三月
別府良孝「日中戦争に反対し夭折した斎藤秀一師―エスペラントを愛した洞門僧」『曹洞宗総合研究センター第一六回学術大会紀要』七七〜八一頁、二〇一五年
別府良孝「斎藤秀一師は禅僧だった」『La Japana Budhano』（日本仏教エスペランティスト連盟）三七三号、八〜九頁、三七四号、七〜八頁、二〇一四年
鈴木良春「斎藤秀一『秀一の日記から見える時代背景』―大学時代の日記を語る」『秀一・七十五回忌』（泉流寺）、二〇一五年
斎藤秀一「エスペラント原作文学の展望」『駒澤文学』第一一巻、一九三一年
斎藤秀一「大学時代の日記―一九二九年四月九日〜一九三〇年五月一七日」非売品、二〇一三年
斎藤秀一「日記―一九三一年一月一日〜二月二八日」（鶴岡市郷土史料館所蔵）
斎藤秀一「大学時代の日記―一九三〇年五月一八日〜一二月三一日」（解釈・鈴木良春）
斎藤秀一「ローマ字懐中日記　一九三二年一月一日〜一一月一九日」（鶴岡市郷土資料館所蔵）
斎藤秀一卒業論文「片仮名の起こり、歴史及びその将来」一九三一年
斎藤秀一「ローマ字日記―一九三一年」（訳・石島智子・石島庸男）山形県国民教育研究所（鶴岡市郷土資料館所蔵）
斎藤秀一「ローマ字日記―一九三三年」（訳・石島智子・石島庸男）山形県国民教育研究所（鶴岡市郷土資料館所蔵）
日本プロレタリア作家同盟『庄内の旗』五・六月合併号（鶴岡市郷土資料館所蔵）

著者
工藤美知尋（くどう　みちひろ）
1947年山形県長井市生まれ。日本大学法学部卒業、日本大学大学院法学研究科政治学専攻修士課程修了、ウィーン大学留学、東海大学大学院政治学研究科博士課程修了。政治学博士。日本大学専任講師を務めた後、1992年に社会人入試、大学院入試のための本格的な予備校「青山IGC学院」を創立、学院長として現在に至る。日本ウェルネススポーツ大学教授。
主な著書に、『日本海軍と太平洋戦争』『日ソ中立条約の研究』『海軍良識派の支柱山梨勝之進』『日本海軍の歴史がよくわかる本』『東条英機暗殺計画』『軍医大尉桑島恕一の悲劇―われ上海刑場の露となりしか』『高木惣吉―日記と情報』（共著）などがある。

特高《とっこう》に奪《うば》われた青春《せいしゅん》
――エスペランティスト斎藤秀一の悲劇――

2017年 8月10日　第1刷発行

著者
工藤美知尋《くどうみちひろ》

発行所
㈱芙蓉書房出版
（代表　平澤公裕）
〒113-0033東京都文京区本郷3-3-13
TEL 03-3813-4466　FAX 03-3813-4615
http://www.fuyoshobo.co.jp

印刷・製本／モリモト印刷

ISBN978-4-8295-0717-9

日ソ中立条約の虚構
終戦工作の再検証
工藤美知尋著　本体 1,900円

ソ連はなぜ日ソ中立条約を破棄したのか？　北方領土問題が“のどに刺さった小骨”となって今も進展しない日本とロシアの関係をどう改善するのか。この問題の本質理解には〈日ソ中立条約問題〉と両国関係の歴史の再検証が必要。激動の昭和史を日ソ関係から読み解く。

海軍良識派の支柱 山梨勝之進
忘れられた提督の生涯
工藤美知尋著　本体 2,300円

日本海軍良識派の中心的な存在でありながらほとんど知られていない海軍大将の生涯を描いた初めての評伝。ロンドン海軍軍縮条約（昭和５年）締結の際、海軍次官として成立に尽力した山梨勝之進は、米内光政、山本五十六、井上成美らに影響を与えた人物。

ゼロ戦特攻隊から刑事へ
友への鎮魂に支えられた90年
西嶋大美・太田茂著　本体 1,800円

少年航空兵・大舘和夫が戦後70年の沈黙を破って初めて明かす特攻・戦争の真実。奇跡的に生還した元特攻隊員が、南海の空に散っていった戦友への鎮魂の思いを込めて、あの戦争の現場で何があったのかを語り尽くす。長期間にわたる聞き取りを行ったジャーナリストと法律家によって読みやすくまとめられている。

米海軍から見た太平洋戦争情報戦
ハワイ無線暗号解読機関長と太平洋艦隊情報参謀の活躍
谷光太郎著　本体 1,800円

ミッドウエー海戦で日本海軍敗戦の端緒を作ったハワイの無線暗号解読機関長ロシュフォート中佐、ニミッツ太平洋艦隊長官を支えた情報参謀レイトンの二人の「日本通」軍人を軸に、日本人には知られていない米国海軍情報機関の実像を生々しく描く。